MiSTuRA MORENA
Cozinha Tropical Brasileira

Receitas de Morena Leite
Fotos de Tuca Reinés

Editora Senac São Paulo – São Paulo – 2014

ADMINISTRAÇÃO REGIONAL
DO SENAC NO ESTADO DE SÃO PAULO
Presidente do Conselho Regional: Abram Szajman
Diretor do Departamento Regional: Luiz Francisco de A. Salgado
Superintendente Universitário e de Desenvolvimento: Luiz Carlos Dourado
Conselho Editorial: Luiz Francisco de A. Salgado, Luiz Carlos Dourado, Darcio Sayad Maia, Lucila Mara Sbrana Sciotti, Jeane Passos Santana
Gerente/Publisher: Jeane Passos Santana
Coordenação Editorial: Márcia Cavalheiro Rodrigues de Almeida, Thaís Carvalho Lisboa
Comercial: Marcelo Nogueira da Silva
Administrativo: Luís Américo Tousi Botelho

Editora Senac São Paulo
Rua Rui Barbosa, 377 – 1º andar – Bela Vista
CEP 01326.010
Caixa Postal 1120 – CEP 01032.970 – São Paulo – SP
Tel. (11) 2187.4450 – Fax (11) 2187.4486
E-mail: editora@sp.senac.br
Home page: http://www.editorasenacsp.com.br
© Editora Senac São Paulo, 2014

Edição: André Boccato
Coordenação Editorial: Rodrigo Costa
Projeto Gráfico e Direção de Arte: Camilla Frisoni Sola (Bee Design)
Ilustração da Capa: Joana Lira
Fotos: Tuca Reinés
Direção de Fotografia: Camilla Frisoni Sola (Bee Design)
Produção de Objetos: Morena Leite e Karen Sakai
Crédito de Produção: Hugo França, Le Creuset, St. James, Estela Ferraz, Muriqui Cerâmica, Esther Giobbi, Cristofle, Zara Casa, Ritz Festas, D. Filipa, Dacasa e Cia e Casa das Festas
Produção das Receitas: Ricardo Neves Rodrigues, Jessica Sousa dos Santos, Edicléia Moura dos Santos, Raissa Beatriz Cova de Lima, Romário dos Santos Sousa, Claudio Teodoro Conceição, José de Arimatéia Marinho dos Santos, José Severino dos Santos, Matheus Antunes dos Santos, Kelly Cristina Souza da Silva
Revisão das Receitas: Andréa Blau, Raissa Beatriz Cova de Lima, Aline Maria Terrassi Leitão
Desenhos do Azulejos: Flávia Deuprat
Diagramação e Ilustração: Bruno Amaral (Bee Design)
Bandeira do Brasil: Joana Vieira
Tratamento de Imagem: Rodrigo Fabrício Maldonado
Revisão Ortográfica: Ponto A – Comunicação, Conteúdo e Desenvolvimento Humano
Coordenação Administrativa: Maria Aparecida C. Ramos
Coordenação de Produção: Arturo Kleque Gomes Neto

As fotografias das receitas deste livro são ensaios artísticos, não necessariamente reproduzindo as proporções e a realidade das receitas, as quais foram criadas e testadas pelos autores, porém sua efetiva realização será sempre uma interpretação pessoal dos leitores.

Dados Internacionais de Catalogação na Publicação (CIP)
(Jeane Passos Santana - CRB 8ª 6189)

Leite, Morena
  Mistura morena:cozinha tropical brasileira / Morena Leite; fotografias de Tuca Reinés. -- São Paulo : Editora Senac São Paulo, 2014.

  ISBN 978-85-396-0744-0

  1. Gastronomia 2. Culinária brasileira I. Reinés, Tuca. II. Título.

14-239s   CDD - 641.5981

Índice para catálogo sistemático:
1. Gastronomia: Culinária Brasileira
641.5981

SABORES DO BRASIL

Este livro é fruto da vontade de compartilhar minhas receitas favoritas – reflexos do meu paladar, que foi construído pelas experiências que tive, de uma infância na beira do mar de Trancoso, berço do Brasil. Infância com uma alimentação saudável, seguindo a filosofia de vida dos meus pais, que tinham como pilar, nessa alimentação, muitos grãos, legumes, raízes, frutas e folhas.

Fui criada em um pomar, subindo em árvores frutíferas como pés de manga, mangaba, cajú, jabuticaba, goiaba, araçá, pitanga, graviola, jaca, carambola, biri-biri, ingá, dentre muitas outras. Eu me senti livre para retratar o meu Brasil, sem purismos, pois acredito que possuímos um solo muito rico, de Norte a Sul, com uma diversidade enorme de ingredientes, um litoral generoso e uma floresta ainda com muitos produtos a serem descobertos. Mas também sei que não temos uma única raiz, somos uma cultura formada pela diversidade – em um primeiro momento pelos índios, portugueses e africanos; em um segundo momento, com a contribuição dos italianos, franceses, árabes, japoneses, dentre muitos outros. Acredito que essa miscigenação nos fez ser um povo aberto e alegre e isso se reflete em nossa comida. Estamos em um processo de autoconhecimento, vivendo um momento de patriotismo e orgulho nacional no esporte, na moda, na música, na arte, na literatura, no cinema e na gastronomia queremos mostrar para o mundo um Brasil com muito amor, muita paixão e muita alma, mas também construído com disciplina e técnica.

Cozinhar, para mim, alimenta a minha vontade de nutrir as pessoas, vem do útero, lá de dentro da minha alma. Por meio dos meus pratos divido com as pessoas as minhas experiências, os lugares pelos quais passei, os livros que li, as músicas que escutei e as pessoas que conheci.

Um abraço, Morena Leite

Tropicana

Alceu Valença, Vicente Barreto

Da manga rosa quero o gosto e o sumo

Melão maduro sapoti juá

Jabuticaba teu olhar noturno

Beijo travoso de umbu-cajá

Pela macia ai carne de caju

Saliva doce doce mel mel de uruçu

Linda morena fruta de vez temporana

Caldo de cana-caiana

Vem me desfrutar

Linda morena fruta de vez temporana

Caldo de cana-caiana

Vou te desfrutar

Morena tropicana

Eu quero teu sabor

UM BRASIL DE INGREDIENTES MORENOS

Vivemos mesmo em um país sui generis. Aqui, carinhosamente um homem pode chamar sua mulher de 'nega', de 'morena' ou uma mulher chamar seu amado, mesmo que branco, de 'meu moreno'. Por aqui morenar é misturar um pouco de tudo, mas nada a definir com precisão. É sempre uma questão de matiz, de graduação não só na escala cromática, mas especialmente no contexto, no sentimento subjetivo. E posto que ser moreno não é exatamente uma questão de cor de pele, poder-se-ia afirmar que 'moreno' é quase um estado de espírito, talhado em séculos de mistura, reunião, miscigenação, fusão e alguma confusão...

É tamanha a fusão que quase ninguém no Brasil sabe, por exemplo, que a banana não nasceu aqui, que coco não é originário do nosso solo e que tantos outros ingredientes considerados 'nacionais', foram, na verdade, introduzidos pelo intenso comércio das especiarias em que os colonizadores portugueses eram especialistas. As bananas (ouro, prata, nanica, maçã) foram trazidas, em 1516, da África e da Ásia. Banana 100% brasileira, só a banana-da-terra. Os coqueiros também chegaram das Índias às praias baianas, espalhando-se quase que espontaneamente por todo nosso litoral. Aipim ou mandioca – esta sim é sabido ser o alimento básico dos indígenas quando cá chegaram os descobridores, para daí ingressar gloriosa no cardápio nacional em tantas versões, das insubstituíveis farofas, ao pirão, ao beiju... Nossa cozinha brasileira nasce mesmo dessas muitas fusões e misturas.

Eis que temos um livro-testemunho dessa morenice toda, posto que a autora é branquinha (às vezes bronzeada ao sol), neta de árabes e italianos, filha de paulistas, mas nascida na Bahia. Que foi estudar na Inglaterra, virou cozinheira na França e agora é dona de restaurante nessa São Paulo da mistura. Para completar ela se chama Morena!! Portanto, nada mais lógico nesse livro do que ela nos trazer sua mistura – bastando ver os ingredientes e o modo de preparo, para perceber que tudo espelha esse encontro de culturas, do qual ela mesma é fruto. E como frutos dão sementes, já se somam quatro livros e quatro restaurantes de sua autoria.

Agora fiquem com esta interpretação e viagem pelos ingredientes da culinária brasileira, os quais vamos conhecer ao sabor de uma autêntica Mistura Morena.

André Boccato

CONFISSÃO

Sou uma farofeira, farofas são minha perdição, minha comida predileta. Adoro explorar farinhas de mandioca de Goiânia, Uarini – Amazônia, da Bahia, de milho amarelo e branco, de tapioca, de pão... O importante, pra mim, é que ela esteja crocante e molhadinha.

paladar...
Costumo dizer que tenho um paladar infantil: gosto de creminhos como purês, vatapá e pirão. Não sou muito corajosa para comidas exóticas. Gosto muito de frutas, legumes, grãos, cítricos, tudo regado a um bom azeite de oliva e uma ervinha fresca e aromática.

prato perfeito...
Tem que ter contraste, cremosidade, crocância, acidez, um toque picante e agridoce.

DNA gastronômico...
Acredito que somos um reflexo das experiências que vivemos e das escolhas que fazemos diariamente. Eu cresci em um grande pomar de frutas tropicais como jaca, cajú, mangaba, biri-biri, pitanga, graviola, fruta-pão... Tudo isso em uma falésia beira-mar, com pais macrobióticos, antroposóficos e vegetarianos. Tive avós libaneses e cresci na Bahia, viajei por todo o Brasil e por boa parte do mundo. Todas essas experiências me ajudaram a firmar a minha personalidade gastronômica.

eu sou...
Sou muito curiosa, comprometida, dedicada e esforçada, apaixonada por pessoas, encantada com suas diferentes formas de ser. A maneira que encontrei de me comunicar com elas foi através da comida.

Morena Leite por Morena Leite

Glossário

FRUTAS

- **Abacaxi** – Fruta cítrica, é variedade do ananás encontrada em muitas regiões tropicais do mundo. Tem forma cilíndrica, alongada nas extremidades. Sua polpa é macia, doce e perfumada. Pode ser utilizado cru, em sucos e saladas de frutas, ou cozido, em doces, bolos e conservas.

- **Banana-da-terra** – A banana-da-terra também conhecida como banana-comprida ou pacovan é uma variedade de banana de grande tamanho. É achatada num dos lados, tem casca amarelo-escura, com grandes manchas pretas quando madura e polpa bem consistente, de cor rosada e textura macia e compacta, sendo mais rica em amido do que açúcar, o que a torna ideal para cozinhar, assar ou fritar.

- **Banana-nanica** – A banana-nanica também conhecida como banana-caturra, tem casca fina e amarela-esverdeada (mesmo quando a banana está madura) e polpa bastante doce, macia e de aroma agradável. É um pouco menor do que a banana-da-terra.

- **Banana-ouro** – Banana-ouro é a menor de todas as bananas, medindo no máximo 10 cm. A banana-ouro tem forma cilíndrica, casca fina de cor amarelo-ouro, polpa doce, de sabor e cheiro agradáveis. É também conhecida pelos nomes inajá, banana-dedo-de-moça, banana-mosquito ou banana-imperador.

- **Biri-biri:** É uma fruta da família da carambola e também é conhecida como limão-de-caiena, devido ao seu sabor azedo característico e pela forma com que chegou às terras brasileiras, entrou na Amazônia por Caiena, na Guiana Francesa. Ela é muito comum na Bahia e faz parte de muitos pratos da culinária regional.

- **Carambola** – É uma fruta originária da Ásia e da África tropical. Foi trazida pelos portugueses e tem forma estrelada, polpa suculenta e sabor agridoce. Sua casca é amarela e firme; sua polpa, amarela e translúcida. Madura, é doce e cheia de caldo. Pode ser consumida ao natural, em saladas ou sobremesas, ou na forma de doce, em pasta ou compota. É também utilizada como recheio de tortas ou guarnição de pratos.

- **Fruta-pão** – Originária do Pacífico, foi trazida para a América do Sul pelos franceses, para a Guiana. É uma grande fruta redonda, de mais ou menos 18 cm de diâmetro, com casca verde rugosa. Pode ser cozida, assada, grelhada ou fervida e servida como um prato salgado ou doce.

- **Goiaba** – Também chamada de guaiaba ou guaiava, na Bahia é ainda conhecida como araçá. Apresenta diversas variedades, que diferem na cor da polpa (branca, amarela e vermelha) e tamanho. Com formato oval, é carnuda, saborosa e doce. Pode ser consumida ao natural ou na forma de sucos, geleias e doces.

- **Graviola** – Fruta originária do Peru e da Colômbia. Tem forma ovalada, casca verde escura e espinhenta, polpa branca e pode chegar a pesar 2 kg. Seu sabor delicado lembra uma mistura de abacaxi e banana. Apresenta propriedades antitérmicas e expectorantes. É mais utilizada na forma de suco e sorvete. Encontra-se bastante no Nordeste do Brasil.

- **Jabuticaba** – Fruta pequena e redonda, de casca negra, lisa e brilhante e com uma polpa esbranquiçada, muito saborosa. Nasce ligada ao tronco da árvore. Pode ser consumida ao natural ou na forma de doces, geleias e licores.

- **Jaca** – Fruta nativa da Índia, de formato ovoide, tem casca cheia de pequenos bicos e polpa mole, cremosa, amarelada, bastante aromática e saborosa. Existem três tipos de jaca: mole, dura ou manteiga. Pode ser consumida ao natural ou em forma de doce em calda.

- **Limão-cravo** – Também chamado limão-rosa, é semelhante a uma tangerina no formato, porém mais avermelhado na cor. Tem sabor mais ácido que azedo, sendo mais empregado na limpeza e tempero de carnes e peixes do que em sucos e doces.

- **Limão-Siciliano** – Fruta originária do Sul da Itália, maior do que os limões comuns. Tem muito suco e é também bastante perfumado. Sua casca tem cor amarelo-esverdeada e é muito utilizada na culinária, na forma de raspas. O sumo é bem ácido e ótimo para fazer suco, temperar peixes e saladas.

- **Limão-taiti** – Tem casca grossa e verde. Não possui sementes. É o limão mais comum no Brasil. Sua casca ralada é utilizada em bolos e cremes, seu suco é usado para temperar pratos salgados e fazer um delicioso refresco.

- **Manga** – Fruto tropical e que existe em muitas variedades. Tem tamanho variado, é ligeiramente ovalada, com um lado mais pontudo. Sua casca é grossa, geralmente num verde desigual, com nuances de amarelo, marrom ou mesmo vermelho. Sua polpa é sempre de um amarelo vivo. Muito saborosa e doce, pode ser consumida ao natural, na forma de suco, de sorvetes, pudins, compotas, chutneys, suflês, em saladas de frutas ou acompanhamento de um prato salgado.

- **Pitanga** – É uma fruta vermelha, tem sabor agridoce acentuado, tamanho pequeno e caroço achatado. Apresenta o formato de uma baga com oito sulcos longitudinais. Pode ser consumida ao natural, em sucos e batidas ou em geleias.

- **Tamarindo** – Fruto com casca dura e marrom. Sua polpa doce e ácida é usada em doces, refrescos e sorvetes. É utilizado também em cozidos e molhos da cozinha asiática.

- **Uvaia** – É uma fruta que tem a polpa muito delicada, com a casca bem fina, de um amarelo-ouro ligeiramente aveludado. O aroma é suave e muito agradável. É muito apreciada para o consumo na forma de sucos, razão pela qual é largamente cultivada em pomares domésticos.

RAÍZES

- **Aipim** – É também chamado de mandioca, mandioca-mansa, mandioca-doce ou macaxeira. É uma raiz comestível de casca marrom, fibrosa e de polpa branca e dura. Empregado em pudins, bolos, purês, cozido com carnes, aves ou frutos do mar, pode ser também frito ou cozido em água e sal e temperado com manteiga. Existem dois tipos de aipim: o amarelo e o branco.

- **Batata-doce** – Raiz de textura semelhante à batata comum, mas de polpa doce. Existe em diversas variedades, sendo as duas mais conhecidas a branca e a roxa. A branca tem casca e massa de cor creme e não é muito doce, ficando seca e quebradiça depois de frita. A roxa torna-se mais doce e macia depois de cozida. Podem ser cozidas, assadas ou fritas, sendo também empregadas no preparo de doces.

- **Cará** – Tubérculo rico em amido muito saboroso. Sua casca é grossa e a polpa é branca. Em alguns lugares é conhecido como inhame. O cará é consumido sempre na forma cozida, após a retirada da casca. Pode substituir a batata em vários pratos como sopas, caldos, purês e refogados. Também pode ser usado na forma de pão, bolo, creme, biscoito, pirão, panquecas e tortas.

- **Gengibre** – É uma planta tropical semelhante ao junco, cuja raiz é usada como especiaria. É nodosa e coberta por uma casca bege. Quando nova tem a casca fina e clara e consistência suculenta e tenra. De sabor forte, adstringente e levemente picante, a raiz pode ser usada em pequenos pedaços, em fatias ou ralada. É encontrada também em pó, em conserva doce ou salgada, ou forma de cristais. Pode ser empregada em molhos, picles, chucrute, bolos, bebidas quentes como quentão, doces e peixe cru.

- **Inhame** – É um tubérculo marrom, de polpa clara. No Nordeste brasileiro, é consumido no café da manhã, cozido em água e sal, e temperado com manteiga e açúcar, em substituição ao pão. Com ele, prepara-se um pirão que acompanha o bobó de camarão. No Rio de Janeiro e em São Paulo, é conhecido como cará e, no Rio Grande do Sul, como taiá.

- **Mandioquinha** – É uma raiz de cor amarela, também chamada de batata-baroa. É utilizada cozida, assada ou frita. Com ela, preparam-se sopas, purês e cremes. Levemente adocicada, tem consistência macia e cremosa, sendo ótimo acompanhamento para aves e carnes.

CASTANHAS

- **Amêndoa** – Parte comestível da noz da amendoeira. Existem dois tipos: a doce e a amarga. A amêndoa doce é a mais usada. Com ela preparam-se doces, marzipãns e bolos. Em pequenas porções, utiliza-se a amêndoa amarga para aromatizar, pois, em maiores quantidades, ela se torna venenosa para o organismo. As amêndoas podem ser encontradas com ou sem casca, com ou sem pele, divididas ao meio, em lascas, lâminas, torradas, pasta ou moídas. Seu uso culinário é bastante amplo e difundido, podendo ser empregadas tanto em pratos doces como em salgados. Quando salgadas, servem também como aperitivo.

- **Amendoim** – Nome comum de um tipo de noz com duas sementes juntas, numa vagem de forma característica, seca como palha e de cor pálida. As sementes são envoltas por uma pele marrom-avermelhada. De sabor forte, sobressai quando misturado a outros frutos secos. Pode ser utilizado cru ou cozido, usualmente assado e salgado. Bastante utilizado com ingredientes complementares da culinária baiana, pode-se empregá-lo, ainda, em bolos, sorvetes, cremes, tortas e como tira-gosto. Altamente oleoso, seu óleo é aproveitado na cozinha ou como ingrediente da manteiga de amendoim.

- **Castanha-de-caju** – O caju é composto de duas partes: uma carnosa, conhecida popularmente como fruta mas que, na verdade, é apenas um pedúnculo hipertrofiado; a outra parte, chamada castanha, é que é a verdadeira fruta do cajueiro. A castanha pode ser salgada e utilizada como aperitivo. Pode ser moída, grossa ou fina e ser utilizada em pratos doces e salgados, como biscoitos, sorvetes, tortas, saladas etc.

- **Castanha-do-baru** – As sementes são uma iguaria cada vez mais apreciada e muito nutritiva, embora a dureza do fruto dificulte sua obtenção. O gosto da amêndoa do baru é parecido com o do amendoim. O preparo das amêndoas para consumo é simples. Depois de tiradas da polpa, é só torrar. Podem ser consumidas sozinhas ou usadas no preparo de pé de moleque, rapadura e paçoca.

- **Castanha-do-pará** – É uma noz ou semente proveniente de uma enorme árvore nativa do Brasil. São, pelo menos, 32 castanhas em cada fruto dessa árvore. Sua casca é bastante grossa e dura, e a parte comestível, rica em óleo. Seu sabor é suave e amanteigado. Empregada principalmente em doces, entra também no preparo de saladas, risotos, etc.

- **Pinhão** – É a semente comestível da pinha do pinheiro-do-paraná. Fruto típico do inverno, pode ser comido apenas cozido em água e sal ou na forma de um doce em pasta

- **Xerém de Caju** – É a castanha de caju torrada e triturada, como uma farinha grossa. É utilizada para decorar bolos, como cobertura para sorvetes, recheio de bombons, etc.

LEGUMES E VERDURAS

• **Abóbora Kabochá** - Por trás da casca verde-escura, o fruto esconde um interior rígido e de cor laranja intenso, repleto de sementes emaranhadas à sua polpa fibrosa. Versátil, o seu sabor adocicado é perfeito para o preparo de sopas, cozidos, croquetes, massas frescas, pães ou então uma simples salada. Além disso, a pouca umidade torna a kabochá um ingrediente ideal para ser usado no tempurá, junto com diversos legumes como a cenoura, berinjela, cebola, vagem e batata-doce.

• **Abóbora-pescoço** - Ela é a maior das abóboras chegando a pesar 15 kg, com casca verde escura com rajadas alaranjadas, mas algumas tem a casca toda alaranjada. Essa abóbora é fibrosa e bem úmida, sendo ótima para pães, doces, salgados e também em saladas quando ralada fininha. Essa é sua escolha caso queira um doce de abóbora igual ao da vovó.

• **Capim-santo** – Também conhecido como capim-limão, erva-príncipe, capim-cidreira, dentre outros nomes. Comumente há confusão dessa planta com a erva-cidreira, que também é conhecida por melissa. O capim-santo é especialmente usado para preparar chás e infusões. Tem uso medicinal, cosmético e culinário, sendo suas folhas tenras usadas em saladas, em pratos típicos vietnamitas e tailandeses, assim como em sopas, carnes de frango e peixe. As folhas maiores, como são muito fibrosas, não são consumidas. Utiliza-se apenas as mais tenras e jovens. Além disso, seu óleo essencial é acrescentado a receitas de doces, pudins, assados, carnes e a outros óleos.

• **Pimenta Aroeira** – Também conhecida como pimenta-rosa, é muito confundida com a pimenta-do-reino rosa, embora tenha aroma e sabor totalmente diferentes. Encontra grande aplicação na cozinha da região do Mediterrâneo, onde é usada como tempero em pratos à base de peixes. Também a culinária japonesa valoriza sua bela aparência, muitas vezes a utiliza apenas como ornamento, sobretudo em saladas.

• **Pimenta Dedo-de-moça** – É uma das pimentas mais consumidas no Brasil, onde também recebe o nome de chifre-de-veado e de pimenta-vermelha. Quando seca e picada, é conhecida como pimenta calabresa. Seus frutos são alongados e intensamente vermelhos. Sua picância, que varia de suave a mediana, torna-a adequada para temperar qualquer prato, desde saladas, molhos, feijão a aperitivos e carnes.

• **Cana-de-açúcar** – Da família das gramíneas, existe em diversas variedades como a crioula ou mirim, a caiena ou bourbon, a amarelinha etc. Espremida, a cana fornece a garapa, caldo de cor esverdeada e sabor doce. Da garapa obtém-se, por evaporação, um xarope ou melado, que é a base dos diferentes tipos de açúcar. O resíduo da fabricação do açúcar é o melaço, que, através da fermentação, transforma-se em rum e, por meio da destilação, origina a cachaça e o álcool.

• **Palmito-pupunha** – Fruto de uma palmeira da Amazônia, a pupunheira é da família das palmáceas. O fruto é grande, de casca amarela ou vermelha, com polpa branca doce. Tem alto valor nutritivo. Comido sempre cozido, pode ser preparado na forma de doce, em pasta ou apenas envolvido no mel, ou salgado como acompanhamento para carnes. O sabor é uma mistura de castanha europeia com alcachofra.

• **Sálvia** – É uma planta resistente, que atinge cerca de 45 cm de altura, tem folhas rugosas de cor verde-acinzentada e flores azuladas, púrpuras ou brancas. É encontrada fresca ou seca e pode aromatizar quase tudo: carnes, aves, peixes, vegetais, saladas, ovos, queijos, marinadas. Dá um sabor especial à sopa de alho, quando colocada fresca e picada em sua superfície, ao servir. Também fica excelente em pastas de queijo.

• **Taioba** – É um vegetal de folhas verde-escuras comestíveis. Muito saborosas quando refogadas, é ingrediente fundamental do prato baiano efó. Seus rizomas também são comestíveis e, depois de cozidos e amassados, servem como ingrediente para doces.

15

PEIXES E FRUTOS DO MAR

• **Aratu** - Embora que o termo aratu seja uma designação comum a diversos caranguejos, costuma remeter mais especificamente ao caranguejo de carapaça quadrada e acinzentada, capaz de subir com habilidade nas árvores do mangue, onde se alimenta e se acasala. Tal espécie também é conhecida pelos nomes de aratu-da-pedra, aratu-marinheiro, aratupeba, aratupinima, carapinha e marinheiro.

• **Arraia** – Peixe com duas grandes asas carnosas, de carne muito saborosa. Para prepará-la, deve-se retirar a pele e partir a carne em pequenos pedaços, que serão cozidos ou fritos. Pode consumir-se também o seu fígado.

• **Atum** – Encontrado no Atlântico e no Mediterrâneo, em águas temperadas, é um peixe enorme, da mesma família da cavala. Sua carne é densa, vermelho-escura, de textura firme e moderadamente gordurosa, sem apresentar o costumeiro sabor de peixe. Pode pesar de 5 kg a 100 kg. Pode ser encontrado fresco ou congelado, havendo diversas maneiras de prepará-lo. É vendido também em lata, sólido ou ralado.

• **Bacalhau** – Bacalhau não é um peixe, mas vários. Cinco espécies marinhas podem ser vendidas com esse nome. Existe, porém, o chamado "bacalhau legítimo": o peixe Gadus morhua, considerado o melhor de todos. Ele também é conhecido como cod ou bacalhau do Porto. O bacalhau demora alguns meses para estragar devido ao processo de salga. O peixe absorve muita água e ganha cerca de 20% do seu peso após ficar de molho por um ou dois dias – o tempo de dessalgação depende do tamanho dos pedaços de bacalhau. Além do mais, o sabor forte do bacalhau se destaca mesmo em pratos que levam pouco peixe e um montão de batatas, por exemplo.

• **Badejo** – Peixe muito comum nas costas brasileiras, com pelo menos seis variedades: o bicudo, o branco, o sabão, o ferro, o miro e o preto. Sua coloração vai de pérola ao chocolate escuro, passando pelo esverdeado. De carne muito delicada e que se deteriora facilmente, deve ser utilizado bem fresco. Pode ser consumido inteiro ou em postas, assado, frito ou ensopado.

• **Buri** (Olho de Boi) – é um peixe que possui carne macia e saborosa, com teor de gordura médio. É utilizado no preparo de sushi e sashimi, mas fica muito saboroso grelhado (teppan-yaki).

• **Camarão Seco** – Na culinária do Norte e do Nordeste, é o camarão que foi salgado. Na Bahia, é o que foi defumado. São usados geralmente camarões de tamanho pequeno, que adquirem uma cor avermelhada. Seu sabor fica bastante acentuado e pode ser usado inteiro ou moído. Entra na maioria dos pratos da culinária baiana.

• **Lagosta** – Crustáceo considerado, no mundo todo, como o melhor dos frutos do mar. Pesa em torno de 800 g, podendo, entretanto, chegar a 1,5 kg. Sua carapaça é de um esverdeado escuro, quando crua, tornando-se um vermelho brilhante depois de cozida. Tem grandes garras e cinco pares de pernas. Sua carne branca, levemente rosada, apresenta sabor delicado.

- **Lula** – Molusco marinho, presente na maioria dos pratos de frutos do mar. Tem uma concha interna, ao longo do corpo, chamada siba ou pena. Sua carne apresenta textura firme e sabor característico. Depois de limpa, pode ser utilizada inteira, para ser recheada, ou cortada em anéis. É preparada ensopada, em moquecas, ao vinagrete ou na forma de risoto. É facilmente encontrada fresca ou congelada.

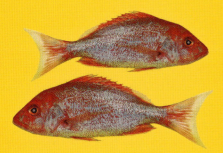

- **Pargo** - É um peixe da família dos Esparídeos, de água salgada e tropicais, comum no sudeste brasileiro, especialmente, na altura do estado do Espírito Santo. Tem o dorso avermelhado com manchas azuladas. O pargo é muito apreciado por sua carne saborosa.

- **Polvo** – Molusco marinho, com cerca de meio metro, que tem oito longos tentáculos. Por sua dieta rica em crustáceos, sua carne se torna extremamente saborosa, embora elástica. Os mais jovens e menores são mais macios. Precisa de cozimento lento, previamente, antes de se iniciar o preparo do prato.

- **Robalo** – Peixe de água salgada da região tropical. Apresenta diversas variedades. Tem coloração cinza, com barriga e lados brancos. Sua carne é clara, delicada e suculenta e é muito apreciado assado ou cozido.

- **Surubim** – Peixe encontrado nos rios brasileiros, tem o corpo avantajado, cor amarela com pintas e faixas escuras e cabeça achatada. De carne delicada e saborosa, pode ser utilizado assado, cozido ou defumado, em lâminas.

- **Tucunaré** – Peixe amazônico semelhante ao tambaqui, tem 60 cm de comprimento e coloração prateada, com faixas transversais. Sua carne é saborosa, pouco gordurosa e rica em elementos nutritivos.

- **Vieira** – São moluscos bivalves de carne branca e existem em duas variedades: a mediterrânea e a atlântica. Muito semelhantes no formato, eles variam apenas na coloração. Ao contrário das ostras e mexilhões, que são comidos por inteiro, nas vieiras só é aproveitado o miolo branco e arredondado, além do coral. As vieiras vivem nas areias e se locomovem abrindo e fechando a concha.

CARNES

- **Carne-seca** – Conhecida também como charque, carne do ceará ou jabá, tem uma salga mais forte. Pode ser seca também ao sol e ao vento ou através de estufas apropriadas. Contém apenas 10% de água. Colocada em água para dessalgar, perde grande parte de suas substâncias nutritivas. É muito utilizada, principalmente, no Nordeste do Brasil. No Sudeste entra no preparo de feijoada.

- **Costela** – Nome dado a um corte de carne retirado do lombo, acompanhado do osso. Tem menos carne e mais osso do que as bistecas. Pode ser de porco, cordeiro, de boi, cabrito. Deve ser grelhada, assada ou frita.

- **Filet Mignon** – Carne bovina muito macia, que se localiza ao longo do dorso do animal e pesa aproximadamente 2 kg. Corte mais caro do boi, não apresenta nervos, gordura ou osso. Própria para bifes, medalhões, rosbifes e picados.

- **Vitela** – É a carne do bovino novo, entre 1 e 12 meses de idade, é muito tenra e de sabor suave. Há dois tipos de vitela: a de leite, abatida com idade entre 15 e 20 dias, e a de confinamento, abatida entre os 4 e os 12 meses. A carne é rosada, úmida, pouco gordurosa. Quando proveniente de animais muito novos, pode ter um leve cheiro de leite. É encontrada em diversos cortes: pá, carré, costelinhas, pernil, peito. Pode ser utilizada em ensopados, assados.

AVES

• **Galinha-d'angola** – Ave africana originária da Guiné. É parente da galinha e da codorna. Sua penugem é cinza com pequenas pintas brancas, e sua carne é escura e seca. Com tamanho e sabor similar próximo ao de um faisão.

• **Faisão** – Ave galinácea de bela plumagem. A fêmea é sempre mais gorda e tem a carne mais tenra e saborosa que a do macho. Além de assado, pode ser preparado cozido ou ensopado, inteiro, recheado ou desossado. Em qualquer dessas maneiras de preparo, é preciso prestar atenção ao cozimento para que a carne não fique ressecada.

LATICÍNIOS

• **Catupiry** – É uma conhecida marca brasileira de requeijão. Muito embora catupiry não seja um tipo de requeijão, devido a sua popularidade a palavra passou a ser sinônimo de um requeijão muito cremoso, usado como complemento em variadas receitas da culinária brasileira, além de pizzas e pastéis. Entre as décadas de 20 a 80, a embalagem era uma caixinha redonda, com tampa, feita artesanalmente – uma a uma, de uma folha fina de madeira. Já na década de 1990 a embalagem passou a ser de plástico e apareceram as bisnagas e os baldes vendidos às pizzarias.

• **Coalhada** – Leite cru, talhado, que ficou abafado por 24 ou 48 horas. Geralmente é obtida com a adição de renina ao leite. Pode ser consumida ao natural, pura ou acompanhada de açúcar, ou ser utilizada como ingrediente de diversos pratos. É muito utilizada na culinária libanesa, na qual recebe o nome de laban. Encontra-se fresca, cozida e seca, misturada com azeite. Entra como ingrediente em um grande número de pratos árabes e também serve de acompanhamento para entradas, sopas e quibes.

• **Queijo Serra da Canastra** - O queijo canastra é um tipo de queijo brasileiro, originário de Minas Gerais. O clima, a altitude, os pastos nativos e as águas da Canastra dão a esse queijo um sabor único: forte, meio picante, denso e encorpado. O queijo Canastra deve ser consumido curado ou meio curado, com pelo menos uma semana de maturação. Com o passar dos dias, ele adquire uma bela cor dourada e vai enrijecendo de fora para dentro. É boa companhia para uma cerveja gelada, uma cachaça ou um vinho tinto. Também é consumido fresco, com até 4 dias, quando se mostra branco e parecido – e até confundido – com o tradicional queijo Minas industrializado. O canastra estraga se ficar fechado mais de um dia em sacos plásticos. Na geladeira, fica ressecado.

• **Requeijão** – Queijo com textura de pasta cremosa, feito com leite de vaca integral, coalhado e cozido, normalmente vendido em copos. Tem sabor muito suave.

• **Requeijão do Norte** – Queijo de massa amarela e firme, gorduroso, típico do Norte e do Nordeste do Brasil – também conhecido como queijo manteiga, feito de leite integral, coalhado pela ação do calor. Serve-se ao natural ou frito, acompanhado de açúcar e canela. É também ingrediente para pratos doces e salgados.

• **Ricota** – Queijo macio, sem sal ou quase sem sal, fresco ou defumado, muito usado em pastas, tortas, doces e recheios. É elaborada à partir do soro e não do coalho do leite. Sua textura é fina e seu sabor, extremamente suave. A ricota permanece firme durante o cozimento, mantendo sua forma, constituindo um excelente recheio para massas que ainda vão sofrer a ação do calor.

ESPECIARIAS

• **Açafrão** – É um tempero de perfume e gosto delicados e característicos, que funciona como eficiente corante. São utilizados apenas os pistilos da flor, sendo necessárias cerca de 150 mil flores para se conseguir 1 kg de pistilos. Essa é a razão do seu preço tão alto. O verdadeiro açafrão é muito confundido com o açafrão-da-terra ou cúrcuma, que é uma raiz amarela e é normalmente encontrada em pó.

- **Anis-estrelado** – Cresce em uma bela árvore e tem a forma de uma estrela de oito pontas, com um grão castanho do centro da cada braço da estrela. Deve ser utilizado seco e em pequena quantidade, pois é tóxico. De modo geral, aromatiza peixe e frutos do mar, pães e biscoitos, doces, geleias e gelatinas. É também muito usado em licores.

- **Canela** – É uma casca retirada dos ramos finos de uma árvore. É uma das especiarias mais versáteis e conhecidas. A canela inteira é usada para picles em conserva, pratos com maçã, ameixas assadas, abricó e outras frutas secas, no cozimento de alguns legumes, em chocolate quente, vinho, compotas de frutas e como mistura para certas bebidas. A canela moída ou em pó é usada no preparo de pão doce, chocolate quente, bolos, tortas de maçã e banana.

- **Cravo-da-índia** – Era utilizado há milênios, na Índia, para a preparação de perfumes e como tempero. Estão disponíveis inteiros ou moídos e podem ser usados em doces de compota, pudins, bolos, pães, vinha-d'alhos, peixes, quentões, molhos, chutneys.

- **Curry** – É uma mistura de especiarias composta por pimenta malagueta, coentro, mostarda, pimenta-do-reino preta, feno-grego, gengibre, cúrcuma, canela e cravo. Pode ser utilizado com carnes, peixes, vegetais, leguminosas secas, ovos.

OUTROS

- **Azeite de Dendê** – Azeite extraído do coco do dendê, palmeira de origem africana, comum na Bahia. Muito utilizado na cozinha baiana em todos os pratos de origem africana. O dendê de alta qualidade, refinado, translúcido, e livre de impurezas é conhecido por flor-de-dendê, azeite-de-flor ou dendê-de-flor.

- **Cachaça** – destilado brasileiro feito do caldo da cana-de-açúcar. Seu processo passa pelas etapas de moagem da cana, fermentação do mostro, decantação e destilação. Ela adquire sabor e cheiro depois do envelhecimento em tonéis de carvalho, bálsamo e vinhático.

- **Linhaça** - A linhaça é a semente do linho, muito utilizada em culinária. É preferível que se consuma sem casca, triturada, para melhor aproveitamento do seu alto valor nutritivo, pois é rica em fibras, ácidos graxos e proteína. Além disso, dela se extrai o óleo de linhaça, que é rico em ômega 3, ômega 6 e ômega 9. Devido ao seu alto valor nutritivo é considerado alimento funcional.

- **Melado** – Mel obtido da cana-de-açúcar, pela fervura do caldo de cana. É um subproduto do açúcar. De consistência espessa e cor escura, emprega-se em bolos, pudins, docinhos ou para comer com queijo de coalho. Conhecido desde os tempos coloniais, bastante comum no Nordeste, é também chamado mel de engenho.

- **Quinua** - A quinua é um cereal que contém várias propriedades benéficas à nossa saúde. O grão é tão nutritivo que foi qualificado como o melhor alimento de origem vegetal para consumo humano pela Academia de Ciências dos Estados Unidos. Esse cereal pode ser utilizado de diversas maneiras: cozido e temperado como salada, preparado como arroz, e pode ainda ser utilizado no preparado de sopas, etc. Pode-se utilizar também a farinha de quinua para o preparo de mingau, pães, pudins, massa de panqueca, bolos, biscoitos, entre outros .

- **Tapioca** – Farinha derivada da goma de mandioca. Quando a goma é aquecida em um tacho quente, transforma-se em pequenas bolinhas, que são a tapioca. Com elas, são feitos pudins, cremes, cuscuz e sopas. É também o nome dos beijus do Ceará, feitos de farinha de tapioca e coco ralado, enformados em aros de metal e assados sobre uma chapa de ferro.

Nossas misturas separadas por capítulos

22
Belisquetes

- Blinis de Capim-santo com Surubim Defumado
- Moedinha de Banana-da-terra com Presunto Cru
- Vol-au-vent de Abóbora com Tabule de Quinua
- Galette de Tapioca com Carne-seca
- Bombom de Camarão com Chutney de Manga
- Pirulito de Vieira no Bastão de Cana
- Coxinha de Batata-doce com Faisão
- Canudinho de Pato com Molho de Pitanga
- Miniacarajé
- Croquete de Palmito-pupunha com Dip de Limão-cravo
- Pão de Queijo com Tapioca
- Pão de Mandioquinha

48
Entradas

- Ceviche de Lagosta com Biri-biri
- Tartar de Atum com Pérolas de Tapioca
- Carpaccio de Buri com Vinagrete de Abacaxi
- Vinagrete de Aratu com Palmito-pupunha
- Salada de Trigo com Castanhas e Geleia de Uvaia
- Pastel de Palmito com Gema de Ovo de Codorna
- Ipeté

64
Pratos

- Badejo Assado com Banana-ouro Acompanhado de Farofa de Camarão
- Robalo com Crosta de Capim-santo e Ratatouille Brasileiro
- Lombo de Bacalhau com Rendas de Batata-doce
- Moqueca de Arraia
- Atum com Sementes e Grãos com Molho de Tamarindo Sobre uma Cama de Nirá
- Pargo Assado com Crosta de Sal Grosso e Purê de Abóbora
- Tucunaré Empanado no Fubá com Vinagrete de Palmito-pupunha

- Feijão Tropeiro com Frutos do Mar
- Camarão Ensopado com Palmito-pupunha e Tapioca, Acompanhados de Arroz de Coco
- Risoto de Camarão Flambado na Cachaça Busca Vida com Banana, Gengibre e Capim-santo
- Bobó de Camarão com Fruta-pão
- Lagosta com Crosta de Tapioca Acompanhada de Vatapá
- Nhoque de Mandioquinha com Brie e Mel no Molho de Sálvia
- Nhoque de Banana-da-terra com Carne-seca e Molho de Ervas
- Mignon de Cordeiro com Rösti de Aipim Recheado de Requeijão
- Strogonoff de Vitela com Chips de Batata-doce
- Medalhão com Crosta de Castanha-do-pará Acompanhado de Pirão de Leite
- Rabada com Purê de Banana-da-terra
- Galinha Caipira Ensopada com Farofa de Farinha de Milho e Cenoura
- Galinha d'Angola Envolta de Teia de Mandioquinha Recheada com Queijo Serra da Canastra, Acompanhada de Creme de Taioba

106
Doçuras

- Brigadeiro de Capim-santo
- Bolinho de Aipim com Castanha-de-caju e Baba-de-moça e Fitas de Coco caramelizadas
- Creme Brulée de Abóbora
- Tarte Tatin de Banana
- Cheese Cake de Goiaba
- Suflê de Graviola
- Panacota de Iogurte com Calda de Jabuticaba
- Creme Brulée de Jaca
- Bolinho de Castanha-do-pará com Ganache de Chocolate Amma
- Pudim de Tapioca
- Churros com Doce de Leite
- Petit Gateau de Nutella
- Bolo de Abacaxi com Coco e Gengibre
- Chá de Capim-santo

Belisquetes

Blinis de Capim-santo com Surubim Defumado..............24

Moedinha de Banana-da-terra com Presunto Cru............26

Vol-au-vent de Abóbora com Tabule de Quinua...............28

Galette de Tapioca com Carne-seca......................................30

Bombom de Camarão com Chutney de Manga..................32

Pirulito de Vieira no Bastão de Cana...............................34

Coxinha de Batata-doce com Faisão................................36

Canudinho de Pato com Molho de Pitanga......................38

Miniacarajé..40

Croquete de Palmito-pupunha com Dip de Limão-cravo...42

Pão de Queijo com Tapioca...44

Pão de Mandioquinha..46

Belisquetes

Blinis de Capim-santo com Surubim Defumado

Bata o capim-santo com o leite no liquidificador e peneire.

Aqueça o leite, junte metade da manteiga, o sal, a pimenta-do-reino, as gemas, o fermento e a farinha peneirada.

Bata as claras em neve enquanto a massa esfria, misture.

Aqueça a frigideira com o resto da manteiga e coloque uma colher de chá da mistura

e grelhe todos por 1 minuto de cada lado.

Para a cobertura, marine a cebola roxa por 15 minutos com as raspas e suco dos limões. Misture com o abacaxi,

o surubim picado, a pimenta dedo-de-moça, o gengibre, a hortelã, a pimenta-aroeira, sal e pimenta-do-reino.

Para a montagem, sobre um blinis coloque 5g de coalhada e por cima coloque o vinagrete de surubim.

INGREDIENTES

Blinis:
- 25 g de capim-santo
- 250 ml de leite
- 60 g de manteiga
- Sal e pimenta-do-reino a gosto
- 2 gemas
- 10 g de fermento em pó
- 100 g de farinha de trigo
- 2 claras

Cobertura:
- 200 g de cebola roxa em cubos pequenos
- 1 limão-taiti (raspas e suco)
- 1 limão-siciliano (raspas e suco)
- 1 limão-cravo (raspas e suco)
- 200 g de abacaxi em cubos pequenos
- 500 g de surubim defumado
- 5 g de pimenta dedo-de-moça picada sem sementes
- 20 g de gengibre picado
- 10 g de hortelã picada
- 10 g de pimenta-aroeira
- 500 g de coalhada
- Sal e pimenta-do-reino a gosto

RENDE: 100/120 UNIDADES
TEMPO DE PREPARO: 45 MINUTOS

Belisquetes

Moedinha de Banana-da-terra com Presunto Cru

Corte as bananas em rodelas de 2 dedos de espessura.

Frite-as no azeite.

Faça uma cavidade na banana como se fosse um "berço".

Acrescente 1 fatia de presunto cru.

Finalize com o broto de beterraba.

INGREDIENTES
Moedinha:
- 3 bananas-da-terra
- 120 ml de azeite
- 70 g de presunto cru
- 30 g de broto de beterraba

RENDE: 15 UNIDADES
TEMPO DE PREPARO: 20 MINUTOS

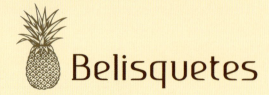
Belisquetes

Vol-au-vent de Abóbora com Tabule de Quinua

Corte a abóbora em 5 rodelas grandes de 2 dedos (3 cm) de espessura com um peso aproximadamente de 500 gramas cada totalizando 2,5 kg. Pegue um aro de 3 cm de altura por 3,5 cm de diâmetro, corte esferas nas rodelas de abóbora. Com um boleador de legumes, faça uma cavidade nas esferas formando um "berço". Tempere com azeite, sal e pimenta-do-reino. Leve para assar em assadeira untada, no forno a 180° C por 10 minutos.

Para o recheio, cozinhe a quinua por 10 minutos em água e sal e reserve. Marine a cebola nas raspas e no suco dos limões com sal, azeite e reserve. Tempere o pepino e o tomate com sal. Misture todos os ingredientes e temperos com a Quinua, adicione a coalhada, a salsinha e misture bem. Recheie a esfera de abóbora e sirva.

INGREDIENTES

Vol-au-vent:
- 2,5 kg de abóbora-pescoço
- Sal e pimenta-do-reino a gosto

Tabule de Quinua:
- 75 g de quinua colorida
- 100 g de cebola roxa picada
- 1 limão-siciliano (raspas e suco)
- 1 limão-cravo (raspas e suco)
- 1 limão-taiti (raspas e suco)
- 30 ml de azeite
- 200 g de pepino apenas a casca cortada em cubos
- 200 g de tomate picado sem sementes
- 2 g de pimenta dedo-de-moça picada sem sementes
- 2 g de gengibre picado
- 50 g de coalhada fresca
- 5 g de salsinha fresca picada

RENDE: 30 UNIDADES
TEMPO DE PREPARO: 40 MINUTOS

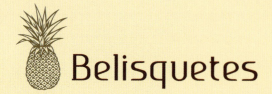
Belisquetes

Galette de Tapioca com Carne-seca

Doure o alho no azeite, junte e refogue a cebola. Tempere com sal e pimenta-do-reino, acrescente o leite e bata no liquidificador. Hidrate a tapioca com a mistura batida, o leite de coco e deixe por 30 minutos. Adicione o coco ralado, o queijo da Serra da Canastra e tempere com sal e pimenta-do-reino.

Em uma frigideira antiaderente bem quente, acrescente o azeite e pequenas quantidades da massa em formato de moedinhas, por 30 segundos de cada lado.

Para a cobertura, cozinhe a carne-seca trocando 3 vezes a água até levantar fervura. Desfie-a, tirando toda a gordura. Doure o alho no azeite, junte e refogue a cebola, adicione a carne-seca, a salsinha e tempere com sal e pimenta-do-reino. Monte a galette com a carne-seca por cima e uma folha de salsinha para decoração.

INGREDIENTES

Galette:
- 5 g de alho picado
- 15 ml de azeite
- 200 g de cebola picada
- Sal e pimenta-do-reino a gosto
- 100 ml de leite
- 100 g de tapioca
- 100 ml de leite de coco
- 30 g de coco ralado fresco
- 30 g de queijo da Serra da Canastra ralado
- Azeite para fritar

Cobertura:
- 250 g de carne-seca
- 10 g de alho picado
- 50 ml de azeite
- 50 g de cebola picada
- Sal e pimenta-do-reino a gosto
- 10 g de salsinha picada

RENDE: 25 UNIDADES
TEMPO DE PREPARO: 1 HORA E 20 MINUTOS

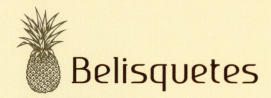
Belisquetes

Bombom de Camarão com Chutney de Manga

Limpe o camarão, separe 100 unidades com rabo, tempere com sal, pimenta-do-reino, uma parte do curry, do açafrão, da pimenta dedo-de-moça, do gengibre e reserve. O restante dos camarões, retire o rabo e deixe marinando com sal, pimenta-do-reino, o restante da pimenta dedo-de-moça, do curry, do açafrão, do gengibre e as raspas e o suco dos limões. Depois bata no processador.

Doure no azeite o alho, junte e refogue a cebola, adicione a pasta de camarão e finalize com a salsinha.

Para montar, pegue 1 camarão com rabo e modele a cobertura envolvendo na parte superior (oposta ao rabo).

Leve para assar em forma untada no azeite por 10 minutos em forno à 180 graus.

Para o Chutney, corte a manga em cubos. Em uma panela misture todos os ingredientes e deixe reduzir até virar um molho espesso.

INGREDIENTES

Bombom de Camarão:
- 3 kg de camarão médio com rabo
- Sal e pimenta do reino à gosto
- 3 g de curry
- 3 g de açafrão
- 5 g de pimenta dedo-de-moça picada sem semente
- 10 g de gengibre picado
- 1 limão-siciliano (raspas e suco)
- 1 limão-cravo (raspas e suco)
- 1 limão-tahiti (raspas e suco)
- 50 ml de azeite
- 30 g de alho picado
- 200 g de cebola picada
- 50 g de salsinha picada

Chutney:
- 500 g de manga
- 5 g de pimenta dedo-de-moça picada sem semente
- 2 g de gengibre picado
- 1 canela em pau
- 4 cravos
- 50 g de açúcar
- 50 ml de vinho branco
- 5 g de salsinha
- 30 ml de água

RENDE:
100 UNIDADES
TEMPO DE PREPARO:
1 HORA

Belisquetes

Pirulito de Vieira no Bastão de Cana

Tempere as vieiras com sal, pimenta-do-reino, as raspas e o suco de limão.

Passe brevemente as vieiras na frigideira com o azeite quente para dourar.

Polvilhe com açúcar mascavo e espete-as no bastão de cana de açúcar. Sirva com o melado de cana.

INGREDIENTES
Pirulito de Vieira:
- 2 kg de vieira
- Sal e pimenta do reino à gosto
- 5 limões-sicilianos (raspas e suco)
- 100 ml de azeite
- 300 g de açúcar mascavo
- 1 e 1/2 cana de açúcar cortada em bastões
- 300 g de melado de cana

RENDE: 100/120 UNIDADES
TEMPO DE PREPARO: 30 MINUTOS

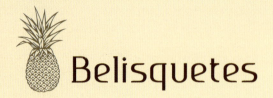

Belisquetes

Coxinha de Batata-doce com Faisão

Para a massa, asse a batata doce com casca embrulhada em papel-alumínio por 1 hora ou até que esteja macia.

Descasque-a e amasse ainda quente, passe pela peneira (para retirar as fibras). Misture o sal e a pimenta-do-reino, reserve.

Para o recheio, corte o faisão nas "juntas" e passe na água fervente. Deixe marinando com 1/3 do azeite, sal, pimenta-do-reino, raspas e suco de limão por 30 minutos. Reserve.

Doure em mais 1/3 do azeite, metade do alho e junte e refogue a metade da cebola. Acrescente a cenoura, o salsão, o alho-poró e mexa bem. Quando os legumes estiverem macios acrescente o faisão e refogue até que fique dourado.

Adicione a água morna até cobrir. Cozinhe por 1 hora.

Desfie o faisão, separe o caldo em que estava cozinhando. Reserve.

Doure a outra metade do alho no restante do azeite, junte e refogue a cebola, tempere com sal e pimenta-do-reino e acrescente o faisão.

Bata no liquidificador o caldo do cozimento e peneire, volte para a panela acrescente o creme de leite e deixe reduzir.

Junte a farinha de trigo, mexa bem e acrescente o faisão. Tempere com sal e pimenta-do-reino.

Para montagem, modele a coxinha na palma da mão, adicione o recheio, feche.

Passe no ovo batido e em seguida na farinha de rosca.

Aqueça bem a gordura e frite.

INGREDIENTES

Massa:
- 2 kg de batata doce
- Sal e pimenta-do-reino à gosto

Recheio:
- 700 g de faisão
- 1 limão tahiti (raspas e suco)
- 30 ml de azeite
- 15 g de alho picado
- 100 g de cebola picada
- 100 g de cenoura picada
- 50 g de salsão em pedaços
- 50 g de alho-poró em fatias
- 250 ml de água morna
- 100 ml de creme de leite fresco
- 25 g de farinha de trigo

Para Empanar:
- 5 ovos
- 1 kg de farinha de rosca

Fritura:
- 1 lt de óleo

RENDE: 100 UNIDADES
TEMPO DE PREPARO: 3 HORAS E 30 MINUTOS

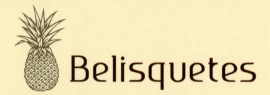 # Belisquetes

Canudinho de Pato com Molho de Pitanga

Cozinhe as coxas e sobrecoxas em fogo baixo com sal grosso, azeite e alecrim, até que a carne solte do osso e esteja macia, desfie-a.

Para o recheio, doure o alho no azeite, junte e refogue a cebola e adicione o pato. Tempere com sal, pimenta-do-reino, pimenta dedo-de-moça e salsinha.

Enrole na massa Harumaki, cortada em quadrado (6 x 6cm), em formato de canudo e leve para assar no forno à 180 graus por 10 minutos.

Para o molho, misture a polpa de pitanga, o açúcar, o aniz e a canela na água e deixe cozinhar até reduzir.

INGREDIENTES

Massa:
- 500 g de massa Harumaki

Recheio:
- 2kg de coxa e sobrecoxa de pato
- 100 g de sal grosso
- 1 lt de azeite
- 10 g de alecrim
- Sal e pimenta-do-reino à gosto
- 20 g de alho picado
- 75 g de cebola picada
- Sal e pimenta-do-reino à gosto
- 2g de pimenta dedo-de-moça picada sem sementes
- 30 g de salsinha picada

Molho de Pitanga:
- 1 kg de polpa de pitanga
- 500 g de açúcar
- 1 aniz estrelado
- 1 canela em pau
- 100 ml de água

RENDE: 100 UNIDADES
TEMPO DE PREPARO: 1 HORA

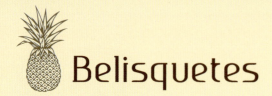

Belisquetes

Miniacarajé

Bata o feijão fradinho no liquidificador e coloque de molho na água por 30 minutos. Lave e retire a casca do feijão e bata novamente, deixe em ponto de massa. Bata a cebola liquidificador e acrescente o sal e mexa bem, manualmente, com a colher de pau. Frite colheradas dessa massa no azeite de dendê.

Para o vatapá, tempere os camarões com sal, pimenta-do-reino, a raspa do limão e metade do azeite. Reserve. Hidrate o pão no leite. Separe 20 unidades do camarão médio para decorar. Doure o alho no restante do azeite, junte e refogue a cebola. Acrescente os pimentões, os camarões, o tomate, o leite de coco, o gengibre, refogue bem. Junte por fim o pão, o amendoim, a castanha-de-caju e a salsinha. Bata tudo no liquidificador, volte ao fogo, espere ferver, bata novamente, corrija o sal e a pimenta, acrescente o azeite de dendê. Reserve.

Para o vinagrete, misture todos os ingredientes e tempere.

Corte o acarajé, recheie com vatapá e vinagrete, decore com camarões.

INGREDIENTES

Acarajé:
- 300 g de feijão fradinho
- 150 g de cebola
- Sal a gosto
- 1 lt de azeite de dendê para fritar

Vatapá:
- 150 g de camarão
- 100 g de camarão seco
- Sal e pimenta-do-reino a gosto
- 1 limão-siciliano (raspas)
- 30ml de azeite
- 5 fatias de pão de forma
- 300ml de leite
- 20 g de alho picado
- 100 g de cebola picada
- 50 g de pimentão vermelho em cubos pequenos
- 50 g de pimentão amarelo em cubos pequenos
- 200 g de tomate em cubos pequenos sem sementes
- 200g de leite de coco
- 20 g de gengibre
- 70 g de amendoim
- 70 g de castanha-de-caju
- 15 g de salsinha picada
- 50 ml de azeite de dendê

Vinagrete:
- 125 g de pimentão vermelho em cubos pequenos
- 125 g de pimentão amarelo em cubos pequenos
- 200 g de tomate em cubos pequenos sem semente
- 5 g de pimenta dedo-de-moça picada sem semente
- Sal e pimenta-do-reino à gosto
- 10 g de pimenta tabasco
- 10 g de salsinha picada
- 30 g de catchup

RENDE: 20 UNIDADES
TEMPO DE PREPARO: 1 HORA E 30 MINUTOS

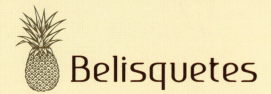
Belisquetes

Croquete de Palmito-pupunha com Dip de Limão-cravo

Doure o alho no azeite, junte e refogue a cebola e adicione o palmito. Misture o leite, o creme de leite e deixe cozinhar por 10 minutos ou até que o palmito esteja macio. Adicione o requeijão, a salsinha e o manjericão. Tempere com sal e pimenta-do-reino. Junte a farinha de pão de forma aos poucos, dando ponto na massa.

Para empanar modele o croquete, passe no ovo e logo depois na farinha de rosca. Frite em óleo quente.

Para o Dip de limão cravo, doure o alho no azeite, junte e refogue a cebola, tempere com sal e pimenta-do-reino e acrescente o creme de leite. Adicione as raspas e o suco dos limões, deixe reduzir e tempere novamente com sal.

INGREDIENTES

Croquete:
- 30 g de alho picado
- 50 ml de azeite
- 250 g de cebola picada
- 1 kg de palmito-pupunha fresco picado
- 250 ml de leite
- 250 ml de creme de leite fresco
- 250 g de requeijão
- 200 g de salsinha picada
- 200 g de manjericão verde picado
- Sal e pimenta-do-reino à gosto
- 1 pacote de pão de forma sem casca batido no liquidificador

Empanada:
- 6 ovos batidos
- 500 g de farinha de rosca
- 1 lt de óleo

Dip de limão-cravo:
- 10 g de alho picado
- 25 ml de azeite
- 50 g de cebola picada
- Sal e pimenta-do-reino à gosto
- 250 ml de creme de leite fresco
- 2 limões-cravos (raspas e suco)

RENDE:
100 UNIDADES
TEMPO DE PREPARO:
1 HORA

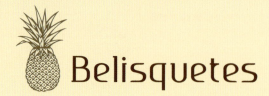# Belisquetes

Pão de Queijo com Tapioca

Hidrate a tapioca no leite morno por 15 minutos.

Junte o polvilho, o azeite de castanha-do-pará, o sal e os ovos. Misture bem e junte o queijo.

Faça bolinhas de 25 gramas e coloque para assar em assadeira untada , deixando um espaço entre eles.

Forno à 180 graus por 10 minutos.

INGREDIENTES
Massa:
- 100 g de tapioca granulada
- 150 ml de leite
- 200 g de polvilho doce
- 50 ml de azeite de castanha-do-pará
- 5 g de sal
- 3 ovos
- 250 g de queijo Serra da Canastra ralado

RENDE: 28 UNIDADES
TEMPO DE PREPARO: 40 MINUTOS

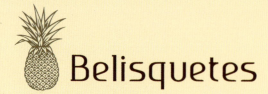

Belisquetes

Pão de Mandioquinha

Asse a mandioquinha com casca, embrulhada em papel-alumínio por 1 hora no forno ou até que esteja macia.

Descasque e passe pelo espremedor de batata ainda quente.

Aqueça a manteiga, junte e dissolva o fermento. Misture a mandioquinha com a farinha, os ovos, o açúcar, o parmesão e por último o sal.

Faça bolinhas de 35 gramas, deixe 30 minutos descansando e pincele por cima a gema.

Coloque para assar em assadeira untada com manteiga e farinha de trigo, deixando um espaço entre eles.

Forno à 180 graus por 20 minutos.

INGREDIENTES

Massa:
- 500 g de mandioquinha
- 75 g de manteiga
- 25 g de fermento biológico fresco
- 500 g de farinha de trigo peneirada
- 2 ovos
- 75 g de açúcar
- 75 g de parmesão ralado
- 10 g de sal
- 1 gema
- 25 g de manteiga para untar a forma

RENDE: 36 UNIDADES
TEMPO DE PREPARO: 2 HORAS E 15 MINUTOS

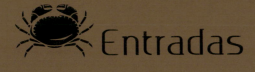

Entradas

Ceviche de Lagosta com Biri-biri..50

Tartar de Atum com Pérolas de Tapioca..........................52

Carpaccio de Buri com Vinagrete de Abacaxi..................54

Vinagrete de Aratu com Palmito-pupunha......................56

Salada de Trigo com Castanhas e Geléia de Uvaia............58

Pastel de Palmito com Gema de Ovo de Codorna.............60

Ipeté 62

 # Entradas

Ceviche de Lagosta com Biri-biri

Retire a carne da cauda das lagostas, lave a casca e passe-a na água fervente, reserve.

Corte a carne em cubos e tempere com azeite, sal, pimenta-do-reino, raspas e suco da metade de cada limão, reserve.

Marine a cebola roxa no restante do suco dos limões. Junte a pimenta dedo-de-moça, adicione o biri-biri, deixe marinar por 10 minutos. Escorra todo o caldo da lagosta e da cebola numa peneira. Junte ambos.

Finalize com a salsinha e tempere à gosto. Sirva na casca.

INGREDIENTES

Ceviche:
- 4 caudas de lagosta pequena
- 10 ml de azeite
- Sal e pimenta-do-reino à gosto
- 1 limão-siciliano (raspas e suco)
- 1 limão-cravo (raspas e suco)
- 1 limão-tahiti (raspas e suco)
- 40 g de cebola roxa em cubos pequenos
- 10 g de pimenta dedo-de-moça picada e sem semente
- 60 g de biri-biri em cubos pequenos
- 10 g de salsinha picada

RENDE: 1 UNIDADE
TEMPO DE PREPARO: 30 MINUTOS

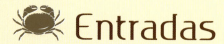 # Entradas

Tartar de Atum com Pérolas de Tapioca

Ferva o sagu de tapioca, começando a cozinhar em água quente. Escorra, lave com água fria, cozinhe novamente em água quente até as pérolas ficarem transparentes. Escorra toda a água e lave em água corrente.

Tempere com metade dos azeites, da pimenta dedo-de-moça, do gengibre, das raspas dos limões, da raiz de capim-santo e a cachaça. Reserve no refrigerador.

Corte o atum, de preferência congelado, em cubos pequenos e tempere com o restante dos ingredientes.

Ajuste o sal e acrescente a salsinha. Finalize misturando o atum às pérolas de tapioca. Sirva frio.

INGREDIENTES

Atum:
- 200 g de lombo de atum (bem vermelho e limpo)

Sagu de Tapioca:
- 100 g sagu de tapioca
- 30 ml de azeite de castanha do Pará
- 20 ml de azeite extra virgem
- 5 g de pimenta dedo de moça
- 5 g de gengibre
- 1/4 de raspas de limão-cravo
- 1/4 de raspas de limão-siciliano
- 1/4 de raspas de limão-tahiti
- 5 g de raiz de capim santo
- 20ml de cachaça busca vida
- Sal e pimenta-do-reino à gosto
- Salsinha à gosto

RENDE: 30 COLHERES
TEMPO DE PREPARO: 20 MINUTOS

 Entradas

Carpaccio de Buri com Vinagrete de Abacaxi

Enrole o filé de peixe limpo no plástico filme como se fosse um rocambole bem apertado e coloque para congelar.

Marine a cebola com a pimenta dedo-de-moça, o gengibre, o abacaxi, parte das raspas e suco dos limões, a salsinha, a hortelã, o azeite e misture com sal e pimenta-do-reino.

Para montar, corte no fatiador, fatias finas do peixe congelado, tempere com sal e pimenta-do-reino, azeite, raspas e suco dos limão restantes e monte com pequenas porções do vinagrete sobre ele.

INGREDIENTES

Carpaccio:
- 250 g de buri em filé

Vinagrete:
- 50 g de cebola roxa picada
- 2 g de pimenta dedo-de-moça picada sem sementes
- 2 g de gengibre picado
- 40 g de abacaxi picado
- 1 limão-cravo (raspas e suco)
- 1 limão-siciliano (raspas e suco)
- 1 limão-tahiti (raspas e suco)
- 5 g de salsinha picada
- 5 g de hortelã picada
- 15 ml de azeite
- sal e pimenta-do-reino à gosto

RENDE: 1 PORÇÃO
TEMPO DE PREPARO: 1 HORA

 # Entradas

Vinagrete de Aratu com Palmito-pupunha

Limpe o aratu e tempere com o suco e raspas da metade dos limões, sal, pimenta-do-reino e azeite.

Em outro bowl, marine a cebola com a outra metade das raspas e suco dos limões, junte então, a cebola com o aratu, o gengibre, a pimenta dedo-de-moça, sal e pimenta-do-reino.

Misture o palmito, o tomate. Finalize com a salsinha.

INGREDIENTES

Vinagrete:
- 350 g de aratu
- 2 limões-tahitis (raspas e suco)
- 2 limões-sicilianos (raspas e suco)
- 2 limões-cravos (raspas e suco)
- Sal e pimenta-do-reino à gosto
- 40 ml de azeite
- 80 g de cebola roxa em cubos pequenos
- 5 g de gengibre picado
- 2 g de pimenta dedo-de-moça picada sem sementes
- 120 g de palmito pupunha fresco em cubos pequenos
- 200 g de tomate em cubos pequenos sem sementes
- 20 g de salsinha picada

RENDE: 4 PORÇÕES
TEMPO DE PREPARO: 20 MINUTOS

 # Entradas

Salada de Trigo com Castanhas Brasileiras e Geléia de Uvaia

Hidrate o trigo em água morna.

Marine a cebola nas raspas e suco do limão.

Misture ao trigo hidratado, a cebola, as castanhas, o amendoim, o cominho, a polpa de tamarindo, o extrato de tomate, metade da geléia de uvaia, a salsinha, a pimenta dedo-de-moça e o azeite.

Tempere com sal e pimenta-do-reino. Sirva com uma colher de geléia de uvaia.

INGREDIENTES

Salada de Trigo:
- 200 g de trigo grosso
- 50 g de cebola roxa em cubos pequenos
- 1 limão cravo (raspas e suco)
- 5 g de castanha-de-caju picada
- 5 g de castanha-do-pará picada
- 5 g de castanha-do-baru picada
- 5 g de amendoim picado
- 5 g de cominho
- 20 g de polpa de tamarindo
- 20 g de extrato de tomate
- 20 g de geleia de uvaia
- 5 g de salsinha picada
- 2 g de pimenta dedo-de-moça picada sem sementes
- 20 ml de azeite
- Sal e pimenta-do-reino à gosto

RENDE: 4 PORÇÕES
TEMPO DE PREPARO: 1 HORA

 **Entradas**

Pastel de Palmito com Gema de Ovo de Codorna

Doure o alho, junte e refogue a cebola no azeite, acrescente o palmito, refogue mais um pouco, adicione o creme de leite e reduza. Tempere com sal e pimenta-do-reino.

Abra a massa do pastel, coloque o recheio de palmito frio moldando como se fosse um vulcão com a gema de codorna no meio. Cubra com outro pedaço de massa de pastel, feche bem as laterais prensando com o garfo.

Aqueça o óleo e frite.

INGREDIENTES
Pastel:
- 20 ml de azeite
- 10 g de alho picado
- 80 g de cebola picada
- 200 g de palmito-pupunha fresco picado
- 100 ml de creme de leite fresco
- Sal e pimenta-do-reino à gosto
- 100 g de massa de pastel
- 4 gemas de ovo de codorna
- 500 ml de óleo

RENDE: 1 PORÇÃO
TEMPO DE PREPARO: 20 MINUTOS

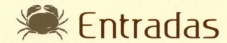 Entradas

Ipeté

Deixe o camarão seco de molho na água por 30 minutos.

Cozinhe o cará na água com sal e passe pelo espremedor de batata, ainda quente.

Misture com o leite de coco e o coco ralado. Tempere o camarão com um pouco de azeite, sal, pimenta-do-reino e gengibre.

Doure o alho no azeite, junte e refogue a cebola, adicione o camarão fresco e depois acrescente o camarão seco hidratado.

Junte tudo no purê de cará.

INGREDIENTES

Ipeté:
- 50 g de camarão seco defumado
- 800 g de cará
- 100 ml de leite de coco
- 30 g de coco ralado
- 150 g de camarão médio com rabo
- 50 ml de azeite
- Sal e pimenta-do-reino à gosto
- 5 g de gengibre picado
- 5 g de alho picado
- 30 g de cebola picada

RENDE: 4 PORÇÕES
TEMPO DE PREPARO: 1 HORA

# Pratos

Badejo com Banana-ouro e Farofa de Camarão..............66
Robalo com Crosta de Capim-santo 68
Lombo de Bacalhau com Rendas de Batata-doce............70
Moqueca de Arraia 72
Atum com Sementes e Grãos Sobre uma Cama de Nirá ..74
Pargo Assado com Crosta de Sal Grosso e Purê de Abóbora..76
Tucunaré Empanado no Fubá 78
Feijão Tropeiro com Frutos do Mar 80
Camarão Ensopado com Tapioca e Arroz de Coco............82
Risoto de Camarão, Banana, Gengibre e Capim-santo.....84
Bobó de Camarão com Fruta-pão...................................86
Lagosta com Crosta de Tapioca e Vatapá 88
Nhoque de Mandioquinha, Brie e Mel..............................90
Nhoque de Banana-da-terra com Carne-seca..................92
Mignon de Cordeiro com Rosti de Aipim e Requeijão 94
Strogonoff de Vitela com Chips de Batata-doce 96
Medalhão com Crosta de Castanha-do-pará 98
Rabada com Purê de Banana-da-terra 100
Galinha Caipira Ensopada 102
Galinha d'Angola Envolta de Teia de Mandioquinha..... 104

Pratos

Badejo Assado com Banana-ouro Acompanhado de Farofa de Camarão

Tempere o peixe com metade do azeite, sal, pimenta-do-reino, pimenta dedo-de-moça, raspas e o suco do limão e a salsinha.

Sele e doure o peixe no azeite restante em uma frigideira antiaderente.

Corte a banana na horizontal e coloque sobre o peixe.

Leve para assar envolto na folha de bananeira passada rapidamente em água fervente e bem seca. Cubra com papel-alumínio e leve ao forno à 180ºC por 20 minutos.

Para a farofa, torre a farinha na metade do azeite e reserve. Doure o alho no restante do azeite junte e refogue a cebola.

Acrescente o camarão já temperado com sal, pimenta-do-reino, pimenta dedo-de-moça, raspas e o suco do limão, adicione o tomate.

Finalize com a farinha torrada e a salsinha.

INGREDIENTES

Peixe:
- 800 g de filé de badejo
- 50 ml de azeite
- Sal e pimenta-do-reino à gosto
- 2 g de pimenta dedo-de-moça picada sem sementes
- 1 limão cravo (raspas e suco)
- 10 g de salsinha picada
- 4 bananas ouro
- 1 folha de bananeira

Farofa de Camarão:
- 200 g de farinha de mandioca
- 100 ml de azeite
- 15 g de alho picado
- 35 g de cebola picada
- 120 g de camarão médio com rabo (sem cabeça e sem casca)
- Sal e pimenta-do-reino à gosto
- 2 g de pimenta dedo-de-moça picada sem sementes
- 1 limão-cravo (raspas e suco)
- 150 g de tomate em cubos pequenos e sem sementes
- 20 g de salsinha picada

RENDE:
4 PORÇÕES
TEMPO DE PREPARO:
40 MINUTOS

Pratos

Robalo com Crosta de Capim-santo e Ratatouille Brasileiro

Tempere os filés de robalo com metade do azeite, sal, pimenta-do-reino, pimenta dedo-de-moça, gengibre, um pouco de salsinha, raspas e o suco de meio limão. Deixe marinar por 5 minutos.

Para a crosta, bata o pão de capim-santo no liquidificador até virar uma farinha.

Doure o alho no azeite restante, junte e refogue a cebola, tempere com sal e pimenta-do-reino. Acrescente a farinha de pão, o manjericão e a salsinha restante.

Cubra o filé de peixe com esta crosta, envolva no papel-alumínio e leve ao forno à 200 graus por 20 minutos.

Para o ratatouille, doure o alho no azeite, junte a cebola roxa, tempere com sal e pimenta-do-reino. Assim que estiverem ao dente adicione a abóbora, refogue por uns 3 minutos. Acrescente então o chuchu, refogue, junte o palmito e por último o tomate. Verifique novamente o sal. Finalize com salsinha e manjericão.

Caso você não tenha o pão de capim-santo, receita no livro Capim-santo - Receitas para Receber Amigos página 30, você também pode substituir por pão de forma.

INGREDIENTES

Peixe:
- 1 kg de filé de robalo limpo
- 100 ml de azeite
- Sal e pimenta-do-reino à gosto
- 2 g de pimenta dedo-de-moça picada sem sementes
- 15 g de gengibre picado
- 200 g de salsinha picada
- 1 limão-cravo (raspas e suco)
- 2 pães de capim-santo
- 5 g ou meio dente de alho picado
- 30 g de cebola picada
- 40 g de manjericão picado

Ratatoullie Brasileiro:
- 10 g de alho
- 20 ml de azeite
- 500 g de cebola roxa em cubos pequenos
- Sal e pimenta-do-reino à gosto
- 300 g de abóbora kabocha em cubos médios
- 700 g de chuchu em cubos médios
- 500 g de palmito pupunha fresco em cubos médios
- 400 g de tomate em cubos médios sem sementes
- 20 g de salsinha picada
- 10 g de manjericão picado

RENDE: 4 PORÇÕES
TEMPO DE PREPARO: 45 MINUTOS

 # Pratos

Lombo de Bacalhau com Rendas de Batata-doce

Coloque o bacalhau de molho na água para dessalgar de um dia para o outro e troque a água 4 vezes. Cozinhe-o e troque a água 2 vezes para retirar o restante do sal. Seque bem o bacalhau e tempere com raspas do limão, sal e pimenta-do-reino.

Cozinhe lentamente no azeite, retire do azeite e reserve.

Passe a batata-doce na máquina japonesa de fazer fios de legumes. Enrole o lombo com os fios da batata-doce e frite no azeite que cozinhou o bacalhau.

Cozinhe os pinhões em água e sal, a seguir as ervilhas rapidamente e salteie as ervilhas e os pinhões no azeite onde o bacalhau foi cozido. Sirva os pinhões com o bacalhau e as ervilhas.

INGREDIENTES

Peixe:
- 800 g de bacalhau
- 1 limão-siciliano (raspas)
- Sal e pimenta-do-reino à gosto
- 1 l de azeite
- 200 g de batata-doce

Acompanhamento:
- 100 g de pinhão
- 200 g de ervilhas frescas
- Sal e pimenta-do-reino à gosto

RENDE: 4 PORÇÕES
TEMPO DE PREPARO: 1 HORA*

*(+12 HORAS DE MOLHO)

Pratos

Moqueca de Arraia

Tempere a arraia com sal, pimenta-do-reino, pimenta dedo-de-moça, as raspas dos limões e o suco do limão tahiti.

Doure o alho no azeite, junte a cebola, os pimentões e refogue. Acrescente a arraia, o leite de coco e deixe cozinhar por 10 minutos. Junte o tomate e deixe cozinhar por mais 5 minutos. Adicione o azeite de dendê e finalize com a salsinha.

Sugestão: Sirva acompanhado de arroz de castanha-de-caju e farofa de beiju.

INGREDIENTES

Moqueca:
- 800 g de arraia
- Sal e pimenta-do-reino à gosto
- 5 g de pimenta dedo-de-moça picada sem sementes
- ½ limão-tahiti (raspas e suco)
- ½ limão-siciliano (raspas)
- ½ limão-cravo (raspas)
- 30 g de alho picado
- 30 ml de azeite
- 150 g de cebola em rodelas
- 50 g de pimentão vermelho em rodelas
- 50 g de pimentão amarelo em rodelas
- 200 ml de leite de coco
- 200 g de tomate em rodelas sem sementes
- 20 ml de azeite de dendê
- 20 g de salsinha picada

RENDE
4 PORÇÕES
TEMPO DE PREPARO
30 MINUTOS

Pratos

Atum com Sementes e Grãos com Molho de Tamarindo Sobre uma Cama de Nirá

Tempere o atum com gengibre, raiz de capim-santo, pimenta dedo-de-moça, raspas do limão, salsinha, sal e pimenta-do-reino. Reserve.

Doure o alho em um pouco de azeite, junte e refogue a cebola, acrescente ao atum, tempere com sal e pimenta-do-reino e a geléia de uvaia.

Modele o atum no formato de um hambúrguer, empane com as sementes e os grãos.

Grelhe no azeite restante em uma frigideira antiaderente, 1 minuto de cada lado e leve ao forno por 5 minutos à 180 graus.

Cozinhe o nirá em água fervente e sal, por 3 minutos, escorra, salteie no azeite.

Para o molho, descasque o tamarindo e cozinhe submerso na água com o açúcar até reduzir.

Sirva o nirá no centro do prato com o atum sobre ele e o molho em volta.

INGREDIENTES

Peixe:
- 600 g de atum fresco em cubos pequenos
- 10 g de gengibre picado
- 20 g de raiz de capim-santo picada
- 5 g de pimenta dedo-de-moça picada sem sementes
- 1 limão-cravo (raspas)
- 20 g de salsinha picada
- 20 g de alho picado
- 30 ml de azeite
- 50 g de cebola picada
- 50 g de geléia de uvaia
- 10 g de sementes de girassol
- 10 g de sementes de abóbora
- 10 g de gergelim branco
- 20 g de gergelim preto
- 20 g de linhaça
- 30 g de quinua vermelha (cozida al dente)
- Sal e pimenta-do-reino à gosto

Acompanhamento:
- 400 g de nirá
- 10 ml de azeite

Molho:
- 100 g de tamarindo
- 30 g de açúcar
- 200 ml de água

RENDE
4 PORÇÕES
TEMPO DE PREPARO
40 MINUTOS

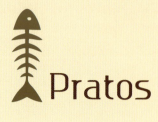

Pratos

Pargo Assado com Crosta de Sal Grosso e Purê de Abóbora

Limpe o peixe pela barriga e lave bem. Mantenha-o inteiro.

Coloque rodelas dos limões, alecrim, sálvia e tomilho dentro do peixe e deixe temperando por 30 minutos.

Bata as claras em neve, junte o sal e cubra o peixe. Deixe descansar por 30 minutos.

Leve o peixe ao forno para assar por 30 minutos em forno à 180ºC.

Enquanto isso faça o purê. Doure o alho no azeite, junte e refogue a cebola, tempere com sal e pimenta-do-reino,

junte a abóbora e refogue até que amoleça. Cubra com água, deixe reduzir e bata no liquidificador.

Quando o peixe estiver pronto quebre a crosta de sal e sirva.

INGREDIENTES

Peixe:
- 2 kg de pargo
- 1 limão-siciliano em rodelas
- 1 limão-cravo em rodelas
- 1 limão-tahiti em rodelas
- 5 g de alecrim picado
- 5 g de sálvia picada
- 5 g de tomilho picado
- 2 claras
- 1 kg de sal grosso

Purê:
- 50 ml de azeite
- 35 g de alho picado
- 100 g de cebola picada
- Sal e pimenta-do-reino à gosto
- 450 g de abóbora kabocha em cubos pequenos
- 250 ml de água

RENDE: 3 PORÇÕES
TEMPO DE PREPARO: 1 HORA E 40 MINUTOS

 Pratos

Tucunaré Empanado no Fubá com Vinagrete de Palmito-pupunha

Tempere o tucunaré com sal, pimenta-do-reino, metade das raspas e suco dos limões, e um pouco do azeite. Reserve.

Marine a cebola na metade do restante dos limões por 15 minutos.

Cozinhe o sagu trocando a água 2 vezes e passando na água corrente para retirar o excesso de goma.

Junte a cebola, o abacaxi, o palmito, o sagu e o tomate. Tempere a mistura com hortelã, pimenta dedo-de-moça, gengibre e sal.

Passe o tucunaré no fubá e frite no azeite restante dos dois lados.

INGREDIENTES

Peixe:
- 400 g de tucunaré
- Sal e pimenta-do-reino à gosto
- 1 limão-tahiti (raspas e suco)
- 1 limão-siciliano (raspas e suco)
- 1 limão-cravo (raspas e suco)
- 500 ml de azeite
- 150 g de fubá

Vinagrete:
- 70 g de cebola roxa em cubos
- 100 g de sagu
- 70 g de abacaxi em cubos
- 100 g de palmito pupunha fresco em cubos
- 100 g de tomate em cubos e sem sementes
- 20 g de hortelã picada
- 5 g de pimenta dedo-de-moça picada sem sementes
- 5 g de gengibre picado

RENDE: 4 PORÇÕES
TEMPO DE PREPARO: 1 HORA E 10 MINUTOS

 # Pratos

Feijão Tropeiro com Frutos do Mar

Cozinhe os feijões separadamente em água e sal.

Doure o alho no azeite, junte e refogue a cebola, tempere com sal e pimenta-do-reino, acrescente o camarão já marinado com sal, pimenta-do-reino, raspas e suco do limão, o polvo e por último a lula, tempere novamente com sal e pimenta-do-reino. Junte os feijões cozidos, sem o caldo, aos frutos do mar. Acrescente então o tomate e a salsinha.

INGREDIENTES

Tropeiro:
- 60 g de feijão de corda
- 60 g de feijão vermelho
- 60 g de feijão verde
- 60 g de feijão preto
- 20 g de alho picado
- 30 ml de azeite
- 50 g de cebola picada
- Sal e pimenta-do-reino à gosto
- 70 g de camarão médio
- 1 limão-tahiti (raspas e suco)
- 70 g de polvo pré-cozido e em pedaços
- 70 g de mini-lula em anéis
- 50 g de tomate em cubos e sem sementes
- 20 g de salsinha picada

RENDE: 4 PORÇÕES
TEMPO DE PREPARO: 1 HORA E 20 MINUTOS

 **Pratos**

Camarão Ensopado com Palmito Pupunha e Tapioca Acompanhado de Arroz de Coco

Tempere o camarão com gengibre, pimenta dedo-de-moça, raspas dos limões e suco dos limões, o manjericão, o sal a gosto e reserve.

Doure metade do alho em metade do azeite, acrescente e refogue a metade da cebola e tempere com sal e pimenta-do-reino. Junte o palmito pupunha, acrescente um pouco de água e cozinhe até o palmito amolecer. Bata no liquidificador, se necessário adicione um pouco do leite. Reserve.

Umedeça o xerém de tapioca com o restante do leite. Reserve.

Doure o restante do alho na outra metade do azeite, junte e refogue a cebola restante e junte os camarões. Adicione o creme de palmito, o xerém de tapioca umedecido, a água e polpa do coco e cozinhe por alguns minutos. Finalize com a castanha-do-pará e a salsinha. Acerte o sal e pimenta-do-reino.

Para o arroz, numa panela, doure o alho, junte e refogue a cebola, tempere com sal e pimenta-do-reino, o coco fresco ralado, o leite de coco e a salsinha.

Sugestão: Servir no coco verde partido ao meio.

INGREDIENTES

Camarão:
- 800 g de camarão médio com rabo
- 5 g de gengibre picado
- 5 g de pimenta dedo-de-moça picada sem sementes
- ½ de limão-tahiti (raspas e suco)
- ½ de limão-siciliano (raspas e suco)
- ½ de limão-cravo (raspas e suco)
- 5 g de manjericão picado
- Sal e pimenta-do-reino à gosto
- 10 g de alho picado
- 60 ml de azeite
- 50 g de cebola picada
- 100 g de palmito pupunha fresco em cubos pequenos
- 200 ml de água
- 200 ml de leite
- 20 g de xerém de tapioca
- ½ coco fresco (polpa e água)
- 10 g de castanha-do-pará em lascas
- 30 g de salsinha picada

Arroz:
- 200 g de arroz cozido
- 20 ml de azeite
- 5 g de alho
- 50 g de cebola picada
- 25 g de coco ralado fresco
- 100 ml de leite de coco
- 5 g de salsinha picada
- Sal e pimenta-do-reino à gosto

RENDE: 4 PORÇÕES
TEMPO DE PREPARO: 1 HORA

 # Pratos

Risoto de Camarão Flambado na Cachaça Busca Vida com Banana, Gengibre e Capim-santo

Para o caldo, lave bem os legumes e coloque para cozinhar na água por 1 hora.

Tempere os camarões com as raspas e suco dos limões, a pimenta dedo-de-moça, o gengibre, o açafrão, o curry, a raiz de capim-santo, a cachaça, o manjericão e a salsinha por 5 minutos.

Em seguida doure o alho no azeite, adicione e refogue os camarões (sem o caldo da marinada, reserve-o). Junte a banana e refogue até que ela desmanche. Reserve.

Para o risoto, doure o alho no azeite, junte e refogue a cebola, a seguir, o arroz por 1 minuto, tempere com sal e pimenta-do-reino. Adicione o prosecco e mexa até o líquido evaporar. Junte o caldo reservado da marinada de camarões e, aos poucos, o caldo de legumes, até que o risoto atinja a consistência desejada (entre 17 e 22 minutos).

Dois minutos antes de desligar o fogo junte os camarões com a banana. Sirva imediatamente.

INGREDIENTES

Caldo de Legumes:
- 350 g de cebola em rodelas
- 350 g de cenoura em rodelas
- 250 g de alho-poró em rodelas finas
- 200 g de salsão em pedaços médios
- 3 lt de água

Camarão:
- 16 camarões grandes com rabo
- 1/2 limão-tahiti (raspas e suco)
- 1/2 limão-siciliano (raspas e suco)
- 1/2 limão-cravo (raspas e suco)
- 10 g de pimenta dedo-de-moça picada sem sementes
- 15 g de gengibre picado
- 5 g de açafrão
- 5 g de curry
- 5 g de raiz de capim-santo picado

- 80 ml de cachaça Busca Vida
- 10 g de manjericão picado
- 20 g de salsinha picada
- 10 g de alho picado
- 50 ml de azeite
- 4 bananas nanica em rodelas
- Sal e pimenta-do-reino à gosto

Risoto:
- 10 g de alho picado
- 30 ml de azeite
- 80 g de cebola picada
- 240 g de arroz arbóreo
- Sal e pimenta-do-reino à gosto
- 200 ml de prosecco

RENDE:
4 PORÇÕES
TEMPO DE PREPARO:
1 HORA E
50 MINUTOS

84

Pratos

Bobó de Camarão com Fruta-pão

Cozinhe a fruta pão na água e sal, bata no liquidificador até que atinja a consistência de creme.

Tempere o camarão com parte do azeite de dendê, raspas e suco do limão, sal e pimenta-do-reino.

Doure o alho no azeite restante, junte e refogue a cebola e os pimentões. Tempere com sal e pimenta-do-reino, adicione e refogue os camarões. Acrescente o tomate, o leite de coco e o creme de fruta pão.

Opcional: Você pode substituir a fruta pão por aipim.

INGREDIENTES
Bobó de Camarão:
- 800 g de fruta pão
- 1,5 l de água
- 800 g de camarão grande com rabo
- 30 ml de azeite de dendê
- 1 limão tahiti (raspas e suco)
- Sal e pimenta-do-reino à gosto
- 35 g de alho picado
- 70 g de cebola em cubos pequenos
- 60 g de pimentão vermelho em cubos pequenos
- 60 g de pimentão amarelo em cubos pequenos
- 60 g de tomate em cubos pequenos sem sementes
- 500 ml de leite de coco

RENDE: 4 PORÇÕES
TEMPO DE PREPARO: 30 MINUTOS

 # Pratos

Lagosta com Crosta de Tapioca Acompanhada de Vatapá

Para a lagosta, retire a casca, deixe apenas a cauda, tempere com azeite, raspas e o suco dos limões, gengibre, pimenta dedo-de-moça, sal, pimenta-do-reino e salsinha.

Grelhe a cauda na brasa e reserve.

Para a crosta de tapioca, derreta a manteiga e leve ao forno por 10 minutos com a barquinha de tapioca.

Bata no liquidificador as barquinhas para virar uma farinha.

Para o vatapá, tempere a lagosta com sal, pimenta-do-reino, as raspas e suco dos limões, um pouco do azeite, gengibre e pimenta dedo-de-moça. Reserve.

Doure o alho no restante do azeite, junte e refogue a cebola, acrescente os pimentões, refogue bem. Junte a lagosta e o tomate. Adicione o leite de coco. Junte o pão, o amendoim, a castanha-de-caju, a salsinha, o leite.

Bata tudo no liquidificador, volte ao fogo. Corrija o sal e a pimenta-do-reino, acrescente o azeite de dendê.

Para finalizar, cubra a cauda da lagosta com a farinha de tapioca e leve ao forno por 5 minutos à 200 graus.

Sirva sobre o vatapá.

INGREDIENTES

Lagosta:
- 600 g de lagosta (4 caudas grandes)
- 20 ml de azeite
- 1 limão-tahiti (raspas e suco)
- 1 limão-cravo (raspas e suco)
- 1 limão-siciliano (raspas e suco)
- 8 g de gengibre picado
- 5 g de pimenta dedo-de-moça picada sem sementes
- Sal e pimenta-do-reino à gosto
- 10 g de salsinha picada
- 20 g de manteiga
- 2 pacotes de barquinhas de tapioca

Vatapá:
- 200 g de lagosta
- Sal e pimenta-do-reino à gosto
- 1 limão-tahiti (raspas e suco)
- 1 limão-cravo (raspas e suco)
- 1 limão siciliano (raspas e suco)
- 20 ml de azeite
- 5 g de gengibre picado
- 5 g de pimenta dedo-de-moça picada sem sementes
- 10 g de alho picado
- 100 g de cebola picada
- 50 g de pimentão vermelho em cubos
- 50 g de pimentão amarelo em cubos
- 200 g de tomate em cubos sem sementes
- 150 ml de leite de coco
- 40 g de pão de forma
- 5 g de amendoim
- 10 g de castanha-de-caju
- 10 g de salsinha picada
- 350 ml de leite
- 10 ml de azeite de dendê

RENDE: 4 PORÇÕES
TEMPO DE PREPARO: 50 MINUTOS

Pratos

Nhoque de Mandioquinha com Brie e Mel no Molho de Sálvia

Asse a mandioquinha com a casca embrulhada no papel-alumínio por 1 hora ou até que esteja bem macia.

Descasque ainda quente e passe pela peneira. Tempere com sal e pimenta-do-reino. Acrescente a farinha de trigo, a semolina e junte a metade da gema do ovo. Misture bem formando uma massa homogênea, divida em pequenas porções de 15 gramas cada.

Para o recheio, amasse o brie com o mel e recheie os nhoques, fazendo bolas achatadas.

Cozinhe os nhoques em água fervente com sal até que subam. Passe, em seguida, pela água gelada para interromper o cozimento, retire da água e reserve.

Para o molho, doure o alho no azeite, junte e refogue a cebola e tempere com sal e pimenta-do-reino. Acrescente as folhas de sálvia e assim que murcharem, junte o mel. Adicione o creme de leite e deixe reduzir em fogo médio até que o molho fique espesso (cerca de 5 minutos).

Junte o nhoque ao molho para aquecê-lo e sirva com folhas de sálvia fresca para decorar.

INGREDIENTES

Nhoque:
- 1 kg de mandioquinha
- Sal e pimenta-do-reino à gosto
- 100 g de farinha de trigo
- 100 g de semolina
- 1 gema
- 250 g de brie sem casca
- 50 ml de mel

Molho de Sálvia:
- 15 ml de azeite
- 10 g de alho picado
- 100 g de cebola picada
- Sal e pimenta-do-reino à gosto
- 1 maço de sálvia
- 20 ml de mel
- 600 ml de creme de leite fresco

RENDE: 4 PORÇÕES
TEMPO DE PREPARO: 2 HORAS

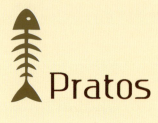 **Pratos**

Nhoque de Banana-da-terra com Carne-seca e Molho de Ervas

Asse as bananas com casca envoltas em papel-alumínio e assim que estiverem macias, retire a casca e amasse com garfo.

Junte a gema, o sal, a semolina e a carne-seca. Amasse, faça os nhoques e cozinhe em água com sal.

Para o molho, doure o alho no azeite, junte e refogue a cebola. Acrescente as ervas, o creme de leite, sal e pimenta-do-reino.

INGREDIENTES

Nhoque:
- 8 bananas da terra
- 1 gema
- Sal e pimenta-do-reino à gosto
- 100 g de semolina
- 100 g de carne-seca limpa e desfiada

Molho:
- 20 ml azeite
- 10 g de alho picado
- 30 g de cebola picada
- 5 g de salsinha fresca picada
- 5 g de manjericão fresco picado
- 2 g de sálvia fresca picada
- 2 g de tomilho fresco picado
- 2 g de alecrim fresco picado
- 200 ml de creme de leite fresco

RENDE: 4 PORÇÕES
TEMPO DE PREPARO: 1 HORA

 Pratos

Mignon de Cordeiro com Rösti de Aipim Recheado de Requeijão

Tempere os mignons de cordeiro com sal e pimenta-do-reino e grelhe.

Refogue o shitake no azeite em frigideira antiaderente. Cubra o mignon com o shitake como se fosse uma escama, de peixe.

Para a rösti, tire a casca do aipim, rale-o, junte a cebola, o parmesão, sal e a manteiga. Modele a rösti e recheie com o requeijão, asse por 25 minutos em forno à 180ºC.

INGREDIENTES

Mignon:
- 600 g de mignon de cordeiro (4 filés)
- Sal e pimenta-do-reino à gosto
- 150 g de shitake fatiado
- 30 ml de azeite

Rosti:
- 1 kg de aipim
- 100 g de cebola ralada
- 100 g de parmesão ralado
- 70 g de manteiga derretida
- 100 g de requeijão
- Sal e pimenta-do-reino à gosto

RENDE: 4 PORÇÕES
TEMPO DE PREPARO: 50 MINUTOS

Pratos

Strogonoff de Vitela com Chips de Batata-doce

Corte a vitela em tirinhas.

Refogue o shimeji na frigideira bem quente com um fio de azeite e reserve.

Doure o alho no azeite restante, junte e refogue a cebola, adicione e grelhe a carne. Tempere com pimenta dedo-de-moça, sal e pimenta-do-reino. Acrescente as mostardas, o catchup e deixe cozinhar. Adicione o creme de leite, o tomate e o shimeji. Finalize com a salsinha e o manjericão.

Para o chips de batata-doce, frite a batata no óleo bem quente. Sirva com o strogonoff.

INGREDIENTES

Strogonoff:
- 600 g de vitela
- 60 ml de azeite
- 80 g de shimeji
- 10 g de alho picado
- 40 g de cebola picada
- 2 g de pimenta dedo-de-moça picada sem sementes
- Sal e pimenta-do-reino à gosto
- 10 g de mostarda dijon em grãos
- 10 g de mostarda
- 10 g de catchup
- 50 ml de creme de leite fresco
- 70 g de tomate em cubos e sem sementes
- 5 g de salsinha picada
- 5 g de manjericão picado

Chips:
- 100 g de batata-doce em fatias bem finas com casca
- 400 ml de óleo

RENDE:
4 PORÇÕES
TEMPO DE PREPARO:
40 MINUTOS

 Pratos

Medalhão com Crosta de Castanha-do-pará Acompanhado de Pirão de Leite

Tempere os medalhões de filé mignon com sal e pimenta-do-reino.

Grelhe na brasa, reserve.

Doure o alho no azeite, junte e refogue a cebola, tempere com sal e pimenta-do-reino. Junte o pão de forma e também a castanha-do-pará com a salsinha. Junte o pão de forma, a castanha e a salsinha.

Cubra o medalhão com a crosta e leve ao forno à 180 graus por 15 minutos.

Para o pirão, doure o alho na manteiga, junte e refogue a cebola, tempere com sal e pimenta-do-reino. Acrescente o leite e o creme de leite. Assim que ferver adicione a farinha de mandioca, mexa bem até engrossar. Junte então o parmesão e a pimenta dedo de moça.

INGREDIENTES

Medalhão:
- 1 kg de filé mignon cortado em 4 medalhões
- Sal e pimenta-do-reino à gosto
- 20 g de alho picado
- 50 ml de azeite
- 150 g de cebola picada
- 2 fatias de pão de forma sem casca batido no liquidificador
- 20 g de castanha-do-pará picada
- 20 g de salsinha picada bem miuda

Pirão de Leite:
- 10 g de alho picado
- 30 ml de manteiga de garrafa
- 100 g de cebola picada
- Sal e pimenta-do-reino à gosto
- 400 ml de leite
- 200 ml de creme de leite fresco
- 60 g de farinha de mandioca
- 40 g de parmesão ralado
- 3 g de pimenta dedo-de-moça picada sem semente

RENDE
4 PORÇÕES
TEMPO DE PREPARO
35 MINUTOS

 # Pratos

Rabada com Purê de Banana-da-terra

Coloque o rabo para marinar no vinho tinto com sal e pimenta-do-reino por no mínimo 2 horas. Tire a carne da marinada, reserve o vinho. Refogue bem a rabada. Deixe reduzir o molho, até que a carne fique bem macia.

Em uma panela, doure o alho no azeite, junte e refogue a cebola e o tomate, tempere com sal e pimenta-do-reino. Adicione a carne, sem o vinho e refogue bem. Acrescente a cenoura e o salsão, refogue. adicione o vinho, o caldo de legumes e deixe reduzir até que esteja bem macia, se necessário, acrescente um pouco de água para finalizar o cozimento. Tempere novamente com sal e pimenta do reino, acrescente o tomate.

Para o purê, embrulhe a banana da terra com casca no papel-alumínio e leve ao forno até que esteja macia, descasque e bata no processador, com o mel e a cachaça e o leite de coco. Aqueça na panela e tempere com sal e pimenta-do-reino. Decore com o broto de agrião.

INGREDIENTES

Rabada:
- 620 g de rabo de boi
- 500 ml de vinho tinto
- Sal e pimenta-do-reino à gosto
- 50 ml de azeite
- 15 g de alho picado
- 55 g de cebola picada
- 300 g de tomate picado sem sementes
- 70 g de cenoura em cubos pequenos
- 50 g de salsão em cubos pequenos
- 700 ml de caldo de legumes
- 5 g de broto de agrião

Purê de Banana da Terra:
- 4 banana da terra
- 20 ml de mel
- 20 ml de cachaça Busca Vida
- 100 ml de leite de coco
- Sal e pimenta-do-reino à gosto

RENDE: 4 PORÇÕES
TEMPO DE PREPARO: 3 HORAS

# Pratos

Galinha Caipira Ensopada com Farofa de Farinha de Milho e Cenoura

Corte a galinha nas juntas, escalde-a em água fervente, lave bem, tempere com sal, azeite, o suco e raspas dos limões, reserve por duas horas na geladeira.

Doure o alho no azeite, junte e refogue a cebola, adicione a galinha e cozinhe por 10 minutos. Junte o salsão, a cenoura, o alho-poró e o tomate. Acrescente a cachaça, 1 litro de água e deixe cozinhar até a galinha ficar macia.

Para a farofa, doure o alho no azeite, junte e refogue a cebola. Adicione a cenoura. Acrescente os ovos, a farinha de milho, mexa bem, tempere com sal e pimenta-do-reino.

INGREDIENTES

Galinha:
- 1 kg de galinha caipira
- Sal e pimenta-do-reino à gosto
- 30 ml de azeite
- 1 limão siciliano (raspas e suco)
- 1 limão tahiti (raspas e suco)
- 1 limão cravo (raspas e suco)
- 20 g de alho picado
- 150 g de cebola picada
- 100 g de salsão picado
- 100 g de cenoura picada
- 100 g de alho-poró em fatias finas
- 200 g de tomate em cubos sem sementes
- 50 ml de cachaça envelhecida

Farofa:
- 80 ml de azeite
- 10 g de alho picado
- 40 g de cebola roxa picada
- 100 g de cenoura em tirinhas
- 4 ovos
- 300 g de farinha de milho
- Sal e pimenta-do-reino à gosto

RENDE 4 PORÇÕES
TEMPO DE PREPARO 1 HORA E 35 MINUTOS*

* mais 12 horas de marinada

Pratos

Galinha d'Angola Envolta de Teia de Mandioquinha Recheada com Queijo Serra da Canastra, Acompanhada de Creme de Taioba

Para a teia descasque e rale a mandioquinha, tempere com sal. Reserve.

Coloque o peito da galinha brevemente na água fervente, lave bem e tempere com azeite, raspas e suco do limão, as ervas, sal e pimenta-do-reino. Faça uma perfuração com a faca no lado mais alto do peito da galinha e recheie com o queijo.

Empane na farinha de trigo e doure no azeite. Envolva na teia de mandioquinha, embrulhe no papel-alumínio e leve ao forno por 20 minutos.

Para a taioba, doure o alho no azeite, junte e refogue a cebola, acrescente a taioba. Adicione o creme de leite fresco e deixe reduzir, e tempere.

Bata no liquidificador e aqueça novamente na panela.

INGREDIENTES

Galinha d'Angola:
- 600 g de mandioquinha
- 600 g de filé de peito de galinha d'angola
- 100 ml de azeite
- 1 limão-siciliano (raspas e suco)
- 5 g de manjericão fresco picado
- 5 g de salsinha fresca picada
- Sal e pimenta-do-reino à gosto
- 300 g de queijo da Serra da Canastra em pedaços
- 10 g de farinha de trigo

Creme de Taioba:
- 30 ml de azeite
- 15 g de alho picado
- 100 g de cebola picada
- 200 g de taioba
- 200 ml de creme de leite fresco
- Sal e pimenta-do-reino à gosto

RENDE 4 PORÇÕES
TEMPO DE PREPARO 40 MINUTOS

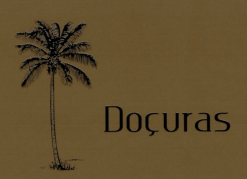

Doçuras

Brigadeiro de Capim-santo 108

Bolinho de Aipim com Baba-de-moça 110

Creme Brulée de Abóbora 112

Tarte Tatin de Banana 114

Cheese Cake de Goiaba 116

Suflê de Graviola 118

Panacota de Iogurte com Calda de Jabuticaba 120

Creme Brulée de Jaca 122

Bolinho de Castanha-do-pará com Ganache 124

Pudim de Tapioca 126

Churros com Doce de Leite 128

Petit Gateau de Nutella 130

Bolo de Abacaxi com Coco e Gengibre 132

Chá de Capim-santo 134

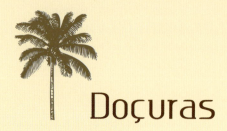

Doçuras

Brigadeiro de Capim-santo

Bata o capim-santo com o leite no liquidificador e coe. Faça o mesmo processo, até que fique verde escuro.

Em uma panela, misture o leite com o leite condensado, no fogo baixo e mexa até engrossar.

INGREDIENTES
Brigadeiro:
- 50 g de folha de capim-santo
- 100 ml de leite
- 395 ml de leite condensado (uma lata)

RENDE
150 COLHERES DE CHÁ
TEMPO DE PREPARO
30 MINUTOS

Doçuras

Bolinho de Aipim com Castanha-de-caju Acompanhado de Baba-de-moça e Fitas de Coco Caramelizadas

Para o bolinho, lave e seque bem o aipim, para retirar a goma. Torça em um pano de prato e depois passe pela peneira.

Bata o açúcar com a manteiga, até que você obtenha um creme branco, junte as farinhas de aipim e de castanha-de-caju até virar uma massa homogênea.

Unte a forminha com manteiga, acrescente a massa fazendo um copinho, deixando-a oca no centro.

Leve ao forno à 180 graus por 6 à 7 minutos.

Para a Baba-de-moça, faça uma calda com a água e o açúcar até o ponto de fio. Retire do fogo, deixe esfriar um pouco. Adicione o leite de coco, as gemas e volte ao fogo em banho-maria até engrossar. Mexa sempre.

Para o Coco caramelizado, em uma panela coloque o açúcar e a água, deixe virar uma calda com cor de caramelo e adicione as fitas de coco fresco, misture com cuidado.

Para montagem recheie os bolinhos com a baba de moça e cubra com as fitas de coco.

INGREDIENTES

Bolinho:
- 260 g de aipim ralado fino
- 60 g de açúcar
- 60 g de manteiga
- 140 g de farinha de castanha-de-caju

Baba de Moça:
- 170 ml de água
- 250 g de açúcar
- 500 g de leite de coco
- 10 gemas de ovo caipira peneiradas

Fitas de Coco Caramelizadas:
- 40 ml de água
- 40 g de açúcar
- 80 g de coco fresco em fitas

RENDE 4 PORÇÕES
TEMPO DE PREPARO 30 MINUTOS

Doçuras

Creme Brulée de Abóbora

Descasque a abóbora, tire as sementes, deixando-a com o peso final de 280 gramas.

Coloque-a para cozinhar na água com açúcar até secar.

No liquidificador bata a gema, o creme de leite fresco e a abóbora.

Coloque em forminhas. Leve em banho-maria para o forno coberto com papel-alumínio. Asse em forno à 180 graus por 30 minutos.

Para finalizar, polvilhe o açúcar cristal por cima do creme e caramelize com o maçarico.

Sugestão: Servir com sorvete de coco.

INGREDIENTES

Creme Brulée:
- 550 g de abóbora pescoço em cubos pequenos
- 100 ml de água
- 200 g de açúcar
- 1 gema
- 150 ml de creme de leite fresco
- 20 g de açúcar cristal

RENDE: 2 À 5 UNIDADES
TEMPO DE PREPARO: 45 MINUTOS

Doçuras

Tarte Tatin de Banana

Corte metade das bananas em rodelas, leve ao fogo com 30 gramas de açúcar, até que virem uma pasta, reserve.

Forre as forminhas com papel filme umedecido. Disponha, no fundo das forminhas o restante das bananas cortadas em rodelas de 2 cm, cobrindo todos os buracos. Preencha com a pasta de banana, reserve.

Para a farofa, misture o açúcar restante, a manteiga, o açúcar mascavo, o xerém de caju e a farinha. Acrescente por cima da pasta, na forminha. Leve ao forno à 180 graus por 10 minutos.

INGREDIENTES
Tarte Tatin:
- 12 bananas nanicas
- 90 g de açúcar
- 75 g de manteiga
- 90 g de açúcar mascavo
- 110 g de xerém de caju
- 110 g de farinha de trigo
- 4 g de canela em pó

RENDE 6 UNIDADES
TEMPO DE PREPARO 40 MINUTOS

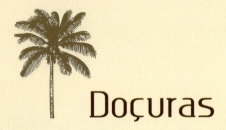

Doçuras

Cheese Cake de Goiaba

Para a massa triture a bolacha até virar uma farinha. Acrescente a manteiga em temperatura ambiente e misture bem até que fique homogênea. Disponha a massa em uma forma com o fundo removível.

Para o recheio, bata no liquidificador a ricota, os ovos e o leite condensado. Despeje na forma e leve para assar no forno à 150 graus de 15 à 20 minutos.

Para finalizar sirva com a goiabada por cima.

INGREDIENTES
Massa:
- 400 g de bolacha aveia e mel
- 150 g de manteiga sem sal

Cobertura:
- 350 g de ricota
- 3 ovos
- 250 ml de leite condensado
- 200 g de goiabada cremosa

RENDE: 1 TORTA
TEMPO DE PREPARO: 45 MINUTOS

Doçuras

Suflê de Graviola

Na panela, adicione a polpa , o creme de leite fresco e o açúcar e reduza por 10 minutos. Deixe esfriar um pouco.

Separe as gemas das claras. Adicione as gemas e cozinhe em banho-maria por 10 minutos. Reserve.

Bata as claras em neve e junte delicadamente à mistura. Unte as formas com manteiga e farinha de trigo.

Leve ao forno por 8 minutos à 220 graus.

INGREDIENTES

Suflê:
- 370 g de polpa de graviola
- 150 g de creme de leite fresco
- 100 g de açúcar
- 5 ovos
- 5 g de manteiga
- 3 g de farinha de trigo

RENDE: 4 UNIDADES
TEMPO DE PREPARO: 1 HORA

Doçuras

Panacota de Iogurte com Calda de Jabuticaba

Aqueça a água até que ela fique morna, acrescente a gelatina e mexa bem.

Misture o iogurte com o creme de leite e a gelatina. Coloque nas taças e leve à geladeira para endurecer.

Para a calda, misture a jabuticaba com açúcar e a água até reduzir, bata no liquidificador, peneire.

Servir a panacota com a calda por cima.

INGREDIENTES
Panacota:
- 60 ml de água
- 20 g de gelatina incolor
- 310 ml de iogurte natural
- 100 ml de creme de leite fresco

Calda:
- 200 g de jabuticaba
- 100 g de açúcar
- 100 ml de água

RENDE:
2 PORÇÕES
TEMPO DE PREPARO:
3 HORAS

Doçuras

Creme Brulée de Jaca

Cozinhe a jaca com a água e o açúcar até virar uma compota, irá reduzir para 600 gramas aproximadamente.

Bata no liquidificador com as gemas peneiradas, a seguir, adicione o creme de leite.

Coloque em forminhas e leve em banho-maria para o forno coberto com papel-alumínio. Forno à 180 graus por 30 minutos.

Para finalizar, polvilhe o açúcar cristal por cima e caramelize com o maçarico.

INGREDIENTES

Creme:
- 1 kg de jaca limpa
- 100 g de água
- 350 g de açúcar
- 6 gemas peneiradas
- 200 g de creme de leite fresco
- 50 g de açúcar cristal

RENDE: 5 FORMINHAS GRANDES*
TEMPO DE PREPARO: 1 HORA

* 15 forminhas pequenas

Doçuras

Bolinho de Castanha-do-pará com Chocolate Meio-amargo Amma

Bata a manteiga com açúcar, acrescente o ovo, junte a farinha de trigo, castanha-do-pará e o fermento.

Coloque para assar em forminha de silicone com buraco no centro.

Para o chocolate, derreta-o em banho-maria, junte o creme de leite fresco, misture bem.

Para a montagem, recheie os bolinhos com o chocolate e sirva ainda quente.

INGREDIENTES
Massa:
- 100 g de manteiga
- 100 g de açúcar
- 1 ovo
- 50 g de farinha de trigo peneirada
- 50 g de castanha-do-pará
- 15 g de fermento

Cobertura
- 100 g de chocolate meio amargo Amma
- 50 g de creme de leite fresco

RENDE: 7 UNIDADES
TEMPO DE PREPARO: 25 MINUTOS

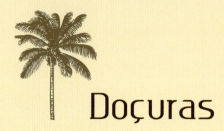
Doçuras

Pudim de Tapioca

Em uma tigela hidrate a tapioca com o leite de coco por 1 hora, reserve.

Faça o caramelo, junte a água e o açúcar em uma panela em fogo baixo, não mexa, deixe até que caramelize.

Bata o leite, o leite condensado e os ovos no liquidificador. Adicione o coco. Misture tudo à tapioca hidratada.

Unte as forminhas com manteiga e açúcar, forre o fundo da forma com o caramelo. Acrescente o pudim.

Leve para assar em banho-maria coberto com papel-alumínio. Forno à 180 graus de 10 à 15 minutos, retire o papel-alumínio e deixe dourar a superfície.

INGREDIENTES

Caramelo:
- 250 g de açúcar
- 250 ml de água

Pudim:
- 125 g de tapioca granulada
- 500 ml de leite de coco
- 500 ml de leite
- 350 ml de leite condensado
- 4 ovos
- 100 g de coco fresco

RENDE: 7 UNIDADES*
TEMPO DE PREPARO: 1 HORA E 30 MINUTOS

* em forma de 8 cm de diâmetro

Doçuras

Churros com Doce de Leite

Em uma panela misture a água, a manteiga, o sal e leve para ferver. Quando atingir a fervura, adicione a farinha de trigo e o açúcar e mexa bem até que a massa desgrude da panela.

Passe a massa pelo modelador de churros fino. Com a massa ainda crua e já modelada, faça um furo para o recheio com um bico do saco de confeiteiro.

Frite em óleo bem quente.

Recheie com o doce de leite, e passe no açúcar com a canela misturados.

INGREDIENTES

Churros:
- 165 ml de água
- 60 g de manteiga
- 5 g de sal
- 200 g de farinha de trigo
- 220 g de açúcar
- 500 ml de óleo

Recheio:
- 3 latas de doce de leite

Polvilho:
- 200 g de açúcar
- 100 g de canela em pó

RENDE: 15 UNIDADES
TEMPO DE PREPARO: 50 MINUTOS

Doçuras

Petit Gateau de Nutella

Separe as gemas dos ovos, peneire-as e misture-as à Nutella e à manteiga, junte as claras e por último a farinha de trigo.

Unte as forminhas com manteiga e farinha de trigo.

Leve ao forno à 180 graus de 5 à 7 minutos.

INGREDIENTES
 Massa:
- 350 g de nutella
- 100 g de manteiga derretida
- 8 ovos
- 50 g de farinha de trigo peneirada

RENDE:
5 UNIDADES
TEMPO DE PREPARO:
20 MINUTOS

Doçuras

Bolo de Abacaxi com Coco e Gengibre

Macere o abacaxi com o açúcar e o gengibre. Deixe por 30 minutos.

Bata os ovos com óleo. Junte o coco, reserve.

Em uma tigela, peneire a farinha, o bicarbonato, o sal e por fim adicione o abacaxi e a mistura de ovos.

Leve para assar no forno à 150 graus por 25 minutos. Use forma de silicone com 8 espaços de 5 x 5 cm.

INGREDIENTES

Massa:
- 250 g de abacaxi em cubos sem o miolo
- 100 g de açúcar
- 2 g de gengibre picado
- 2 ovos
- 90 ml de óleo
- 55 g de coco ralado fresco
- 180 g de farinha de trigo
- 3 g de bicarbonato de sódio
- 2 g de sal

RENDE: 8 UNIDADES
TEMPO DE PREPARO: 1 HORA E 15 MINUTOS

Doçuras

Chá de Capim-santo

Bata no liquidificador todos os ingredientes. Leve à fervura, coe.

Adoce à gosto.

INGREDIENTES
 Chá:
• 800 ml de água
• 100 g de folhas de capim santo picadas
• 10 g de gengibre picado
• ½ limão-siciliano (suco)

RENDE: 4 PORÇÕES
TEMPO DE PREPARO: 10 MINUTOS

Cravo e Canela

Milton Nascimento, Ronaldo Bastos

Ê morena quem temperou?

Cigana quem temperou?

O cheiro do cravo

Ê morena quem temperou?

Morena quem temperou?

A cor de canela

𝄞

A lua morena

A dança do vento

O ventre da noite

E o sol da manhã

𝄞

A chuva cigana

A dança dos rios

O mel do cacau

E o sol da manhã

Cozinha com arte

A comida transmite mais do que sabores,
transmite histórias, cultura e carinho.

Um belo prato desperta o apetite
e aguça todos os sentidos.

Comemos primeiro com os olhos,
a apresentação retrata um conceito, um estilo.

O estilo deste livro, o **Mistura Morena**,
que retrata as misturas do nosso Brasil,
foi desenhado por 4 artistas,
4 mulheres fortes,
cheias de vida e brasileiríssimas.

A capa foi ilustrada pela Joana Lira.
A bandeira do Brasil, bordada por outra Joana, a Viera.
Os azulejos pintados e as molduras são da Flávia Del Prát.
O conceito do livro foi dirigido e desenhado pela Camilla Sola.

A elas o meu agradecimento, por transformarem
um caderno de receitas em uma obra de arte!

Morena Leite

Agradecimentos

Sempre quis mostrar para o mundo um Brasil original, colorido, saboroso, competente, tropical e eficiente. E a maneira que encontrei de me comunicar e de expressar essas tantas qualidades bem brasileiras foi através da comida.

Gostaria de agradecer aqui algumas pessoas muito importantes nesta batalha, verdadeiros soldados neste combate. Em primeiro lugar, agradecer a três franceses que nos ensinaram a valorizar os nossos produtos: Claude Troisgros, Laurent Saudeau e Emmanuel Bassoleil; eles abriram caminho para que chefs da minha geração tivessem oportunidade de criar receitas como Petit Gateau de jaca, com muito orgulho...

Não dá para falar da cozinha brasileira sem pensar no grande trabalho do Alex Atala, com os produtos da nossa floresta Amazônica, e sem mencionar muitos outros desbravadores, como a talentosa chef Roberta Sudbrack, ou Helena Rizzo, Rodrigo Oliveira, Thomas Troisgros, Mara Salles, Tereza Paim, Dadá, Ana Luiza, Cesar Santos, Fábio Barbosa, Jefferson Rueda, Flávia Quaresma, Carla Pernambuco, Viko Tangoda, Felipe Bronze, Monica Rangel, Martina Caminha, Edinho Rangel, Celso Freire, minha mãe, a Ofélia, Palmirinha, enfim, todos os chefs, cozinheiros, cozinheiras, professores, e mais os jornalistas e editores que valorizam, transmitem, conservam, divulgam nossa cozinha brasileira e seus ingredientes e especialmente nossa cultura.

E por fim, para mim, o grande alquimista da cozinha mais original e genuína brasileira, o gênio e louco, grande Beto Pimentel.

Morena Leite

Tuca Reinés

Nasceu na cidade de São Paulo, em 1956. Formado em arquitetura e urbanismo, começou a fotografar em meados da década de 1970. Seu trabalho pode ser visto em vários museus, fundações e coleções de diversos países. Há quase três décadas colabora com a *Vogue* e *Casa Vogue* além de diversas revistas no exterior como *Wallpapper*, *Traveler Condenast*, *A&D*, *Elle* e outras.

Na área de publicidade, fez trabalhos para clientes como Banco Itaú, ItauCard, Embraer, Hotel Emiliano, Hotel Fasano, JHSF, GiroflexForma, Philips, Banco Santander, Stan, Max Haus, BHG, Txai Resort, Vila Naiá, Nannai Beach Resort, Fazenda São Francisco Corumbau, Estrela D'Agua, Shopping Iguatemi, Uxua Casa Hotel, Rio Quente Resorts, Autonomy/Rochaverá, Ponta dos Ganchos, Buddemeyer, Land Rover, Mitsubish, Audi, Citroen, Schaefer Yachts, Ermenegildo Zegna, Brastemp, Cosan, Mobil, dentre outros.

Jç Lia Ribeiro

Realizou exposições individuais como *Gates* na Galeria Horizonte (2011), *Rajada* na Galeria Oeste (2007), *Luz Própria* na Wall Lamps (2007), *Polaroides SX 70* no Ritz (2006), *Troféu Regata Zegna* no Shopping Iguatemi SP (2006), *Locação* no Espaço Paul Mitchell (2000), *Vistas* na Li PhotoGallery (1995), *Fotografias P&B* na Esther Giobbi Art (1995) e *Bahia* na Galeria Asa 1000 (1980). Participou de exposições coletivas, dentre elas *Arquitetura Brasileira Vista por Grandes Fotógrafos* no Instituto Tomie Ohtake, São Paulo (2013), *Narrativas Poéticas – Coleção Santander Brasil* no Santander Cultural, Porto Alegre – RS (2013), Exposição Coletiva no Museu Nacional de Brasília (2013), *Expo Magic Brésil* no Hotel Lutetia em Paris, França (2013), *Reflexos do Brasil* no Palazzo Dei Mercanti em Milão, Itália (2013), entre outras.

Autor de diversos livros, dentre eles se destacam *Casas de São Paulo*/Metalivros, *Bahia Style*/Taschen, *Embaixada da França*/Imprensa Oficial, *Living in Bahia*/Taschen, *Great Escapes South America Hotel Book*/Taschen, *Athos Bulcão*/Fundação Athos Bulcão, *O Azulejo na Arquitetura Civil de Pernambuco no século XIX*/Metalivros, *A Arquitetura de Cláudio Bernardes*/DBA, *Arthus Casas*/Decor, *Sig Bergamin*/DBA. Dentre os prêmios se destacam dois Leões de Ouro no Festival de Cannes com o *Livro de Arte 10 Anos do Hotel Emiliano,* em 2011, e *A Gente Vive Para Contar Histórias*, série para TV em comemoração aos 60 anos da Land Rover (2008).

Morena Leite

A chef Morena Leite cresceu entre as panelas do restaurante de seus pais, em Trancoso, no Sul da Bahia. Em 1999, formou-se como chef de cozinha e confeitaria no *Le Cordon Bleu*, em Paris, escola de cozinha mais antiga e conceituada do mundo.

No ano 2000, mudou-se para São Paulo e emergiu na cozinha do Capim Santo e nessa cultura cosmopolita. Em 2001, foi convidada a representar o Brasil em um festival da cozinha latino-americana em Chicago. Nesse mesmo ano foi capa da *Veja SP*. Daí em diante, participou de diversos festivais de cozinha em Portugal, Dubai, Alemanha, Chile, Colômbia, Uruguai e França.

Em 2005, ano do Brasil na França, lançou o Buffet Capim Santo, fazendo o coquetel da área VIP do Show de Gilberto Gil na Bastilha para 500 convidados. Também lançou seu primeiro livro, o *Brasil: Ritmos e Receitas*, em francês, e foi convidada para dar uma aula de cozinha brasileira no Cordon Bleu.

Em 2006, inaugurou uma escola de cozinha que virou a base do Instituto Capim Santo, Centro de Capacitação de Jovens em Gastronomia, Em 2010, inaugurou mais um restaurante, o Santinho, no Instituto Tomie Ohtake. Em 2011, lançou seu segundo livro, o *Capim Santo: Receitas para Receber Amigos*.

Em 2012, apresentou um programa de TV no canal Glitz, o *Taste it*, e lançou seu terceiro livro, em parceria com Otavia Sommavilla, *Doce Brasil Bem Bolado*. Em 2013 inaugurou seu terceiro restaurante, outro Santinho, no Museu da Casa Brasileira, e um canal de receitas no YouTube, o *Mistura Morena*. Em 2014, lança seu quarto livro, o *Mistura Morena*, com suas receitas favoritas e uma expedição gastronômica com receitas em vídeo.